薪の山に登るクロイソス．
リュディア王クロイソスは「出兵すれば大帝国を滅ぼすであろう」とのアポロンの神託を受けてペルシアと戦い，敗れて自らの国を滅ぼす．クロイソスは焚刑に処せられるが，薪の火が燃えさかるなかアポロンに祈ると，にわかに豪雨が来て火を消した（『歴史』巻 1.86）．バッキュリデス『祝勝歌』3 番によると，敗れたクロイソスは妻や娘たちと共に自ら薪の山に登り焼身自殺を図るが，ゼウスとアポロンに救われる（106 頁参照）．アッティカ，前 500–490 年頃．ルーヴル美術館蔵．

中務哲郎
Tetsuo Nakatsukasa

ヘロドトス『歴史』

世界の均衡を描く

書物誕生
あたらしい古典入門

岩波書店

目次

第Ⅱ部　作品世界を読む

世界を一つに見る『歴史』

装丁＝森　裕昌

一、ヘロドトス『歴史』からの引用は松平千秋訳(上・中・下、岩波文庫、一九七一―一九七二年)を用いたが、序文のみは筆者の訳である(二四頁参照)。

一、その他の作品については筆者が訳し、既訳を拝借した場合は訳者名を記した。

一、巻・章・節・行数の表記について。ヘロドトス『歴史』については『歴史』という書名は省略して「巻」と表記し、他の作品については数字のみとした。

(例)　ヘロドトス、巻一・三〇

ホメロス『イリアス』一・二〇〇　　トゥキュディデス『歴史』一・二二

一、引用文中の〔　〕は筆者による注記である。

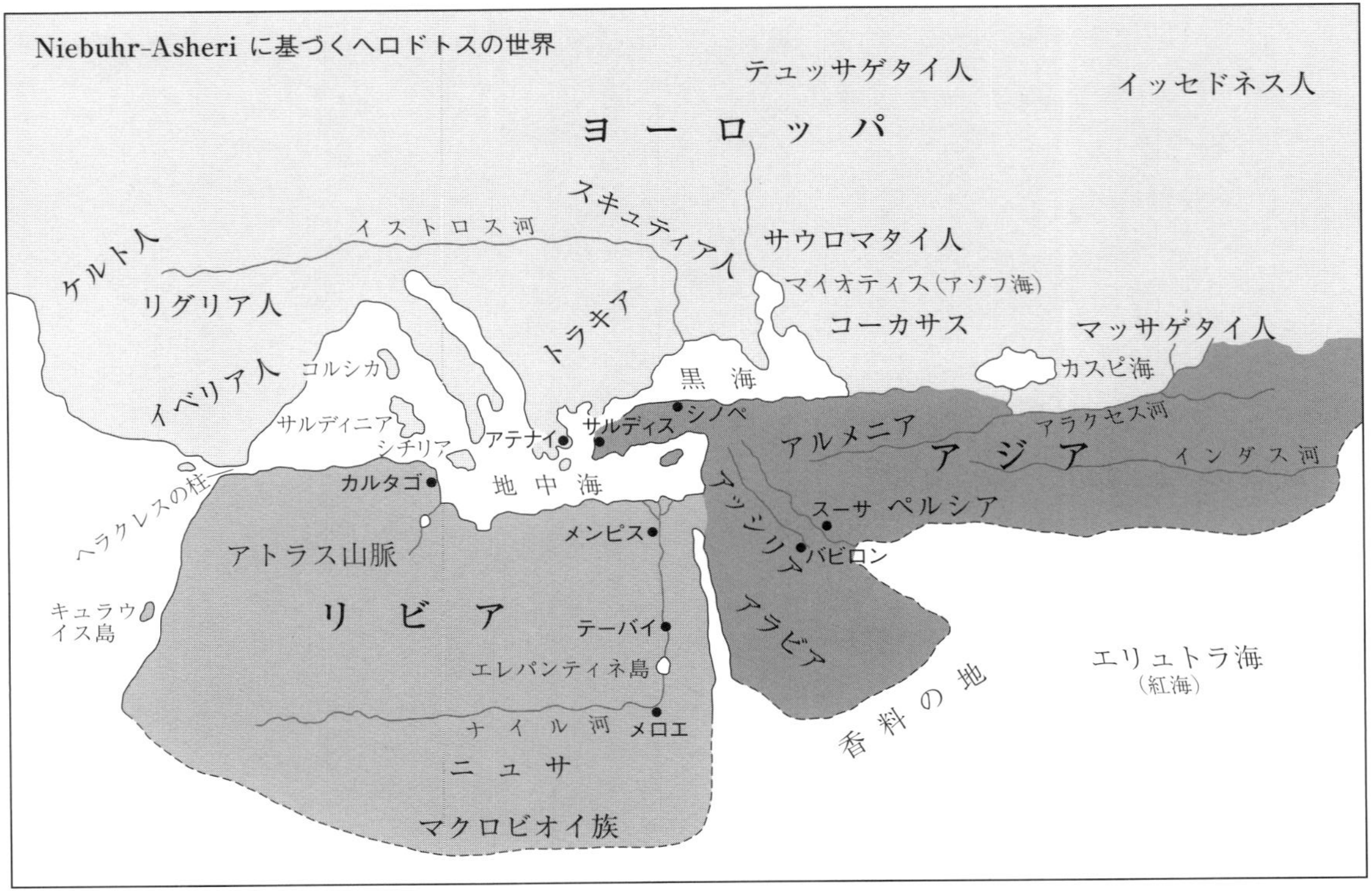
Niebuhr-Asheri に基づくヘロドトスの世界
テュッサゲタイ人
イッセドネス人
ヨーロッパ
スキュティア人
イストロス河
サウロマタイ人
ケルト人
リグリア人
マイオティス（アゾフ海）
トラキア
コーカサス
マッサゲタイ人
カスピ海
黒海
イベリア人
コルシカ
サルディニア
シノペ
サルディス
アテナイ
シチリア
アルメニア
アラクセス河
アジア
インダス河
ヘラクレスの柱
カルタゴ
地中海
アッシリア
スーサ
ペルシア
メンピス
バビロン
アトラス山脈
キュラウイス島
リビア
テーバイ
アラビア
エリュトラ海
（紅海）
エレパンティネ島
香料の地
ナイル河
メロエ
ニュサ
マクロビオイ族

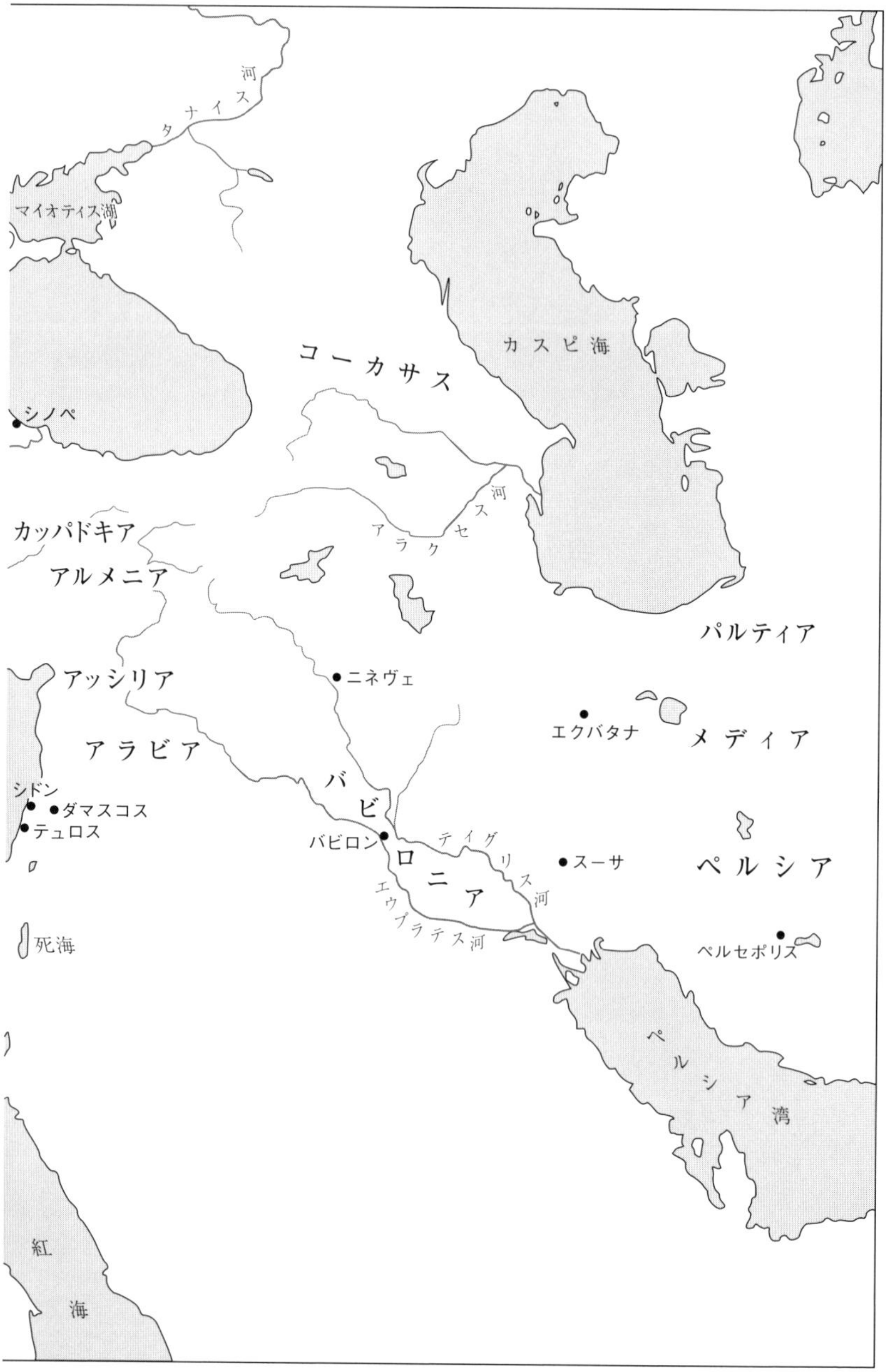
タナイス河
マイオティス湖
カスピ海
コーカサス
シノペ
アラクセス河
カッパドキア
アルメニア
パルティア
アッシリア
ニネヴェ
エクバタナ
メディア
アラビア
シドン
ダマスコス
テュロス
バビロニア
バビロン
ティグリス河
スーサ
ペルシア
エウプラテス河
死海
ペルセポリス
ペルシア湾
紅海

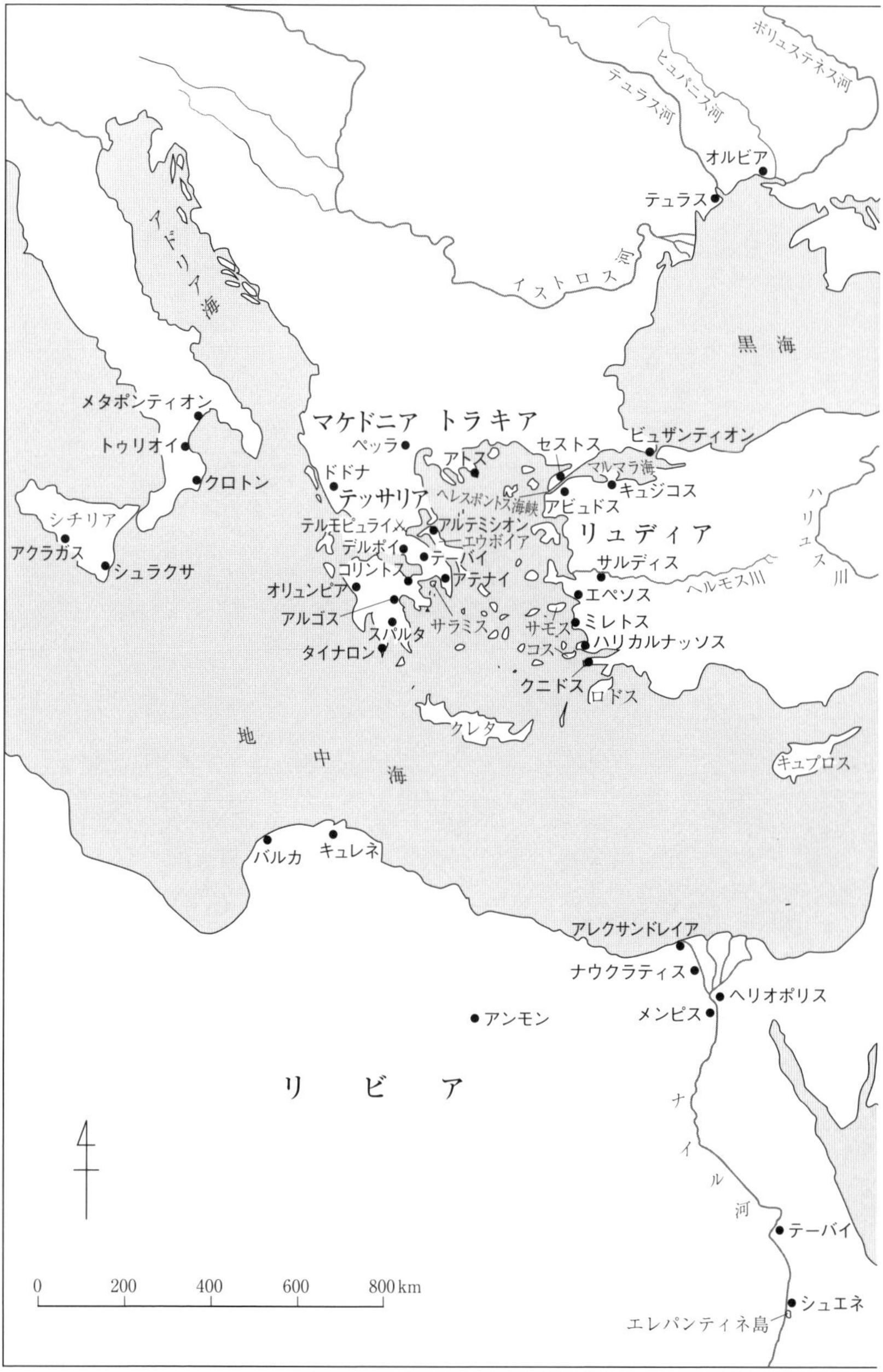

ボリュステネス河
ヒュパニス河
テュラス河
オルビア
テュラス
イストロス河
アドリア海
黒海
メタポンティオン
トゥリオイ
クロトン
シチリア
アクラガス
シュラクサ
マケドニア
トラキア
ペッラ
ドドナ
テッサリア
アトス
セストス
ビュザンティオン
マルマラ海
キュジコス
アビュドス
ヘレスポントス海峡
テルモピュライ
アルテミシオン
エウボイア
デルポイ
テーバイ
コリントス
アテナイ
オリュンピア
アルゴス
スパルタ
タイナロン
サラミス
リュディア
サルディス
エペソス
ミレトス
サモス
コス
ハリカルナッソス
クニドス
ロドス
ハリュス川
ヘルモス川
クレタ
キュプロス
地中海
バルカ
キュレネ
アレクサンドレイア
ナウクラティス
ヘリオポリス
メンピス
アンモン
リビア
ナイル河
テーバイ
シュエネ
エレパンティネ島
0
200
400
600
800 km

プロローグ

「歴史の父」の意味するもの

「歴史の父ヘロドトス」という言葉は世界史の教科書などを通して成語として広まり、それが古代ローマの文人政治家キケロ（前一〇六―四三）に由来することを知る人も少なくないであろう。しかし、この言葉が現れる文脈を改めて見ると、キケロがヘロドトスを褒めているのか貶《けな》したいのか分からなくなってくる。歴史を書く場合と詩を作る時とで守るべき法則は異なるのか、と弟から質問されたキケロはこう答えるのである。

もちろん、クイントゥス。歴史ではすべてが真実を基準として判断されるが、詩ではたいていのことが楽しみを基準として判断されるからだ。とはいえ、歴史の父であるヘロドトスやテオポンポスには無数の作り話があるが。

（キケロ『法律について』一・五。岡道男訳）

キケロは他の作品(『占いについて』二・一一六)においても、リュディア王クロイソスに下ったデルポイの神託(一〇六頁参照)はヘロドトスによる捏造だと難じているが、歴史の父の作品は作り話(fabula ファーブラ)に満ちているとするこの発言は、「ヘロドトスは嘘つきだ」とする意見が通説のようなものとなっていたことを窺わせる。

それでは、「歴史の父」(pater historiae パテル・ヒストリアエ)という言葉はどういう意味を帯びているのであろうか。前六三年にカティリナの陰謀を未然に防いで「救国の英雄・祖国の父」(pater patriae パテル・パトリアエ)と称えられたキケロ自身、この称号をいたく喜んだから、「歴史の父」も悪口であろうはずはない。ケマル・パシャが「アタチュルク」(父なるトルコ人)と尊称をもって呼ばれ、マハトマ・ガンディーが「インド独立の父」と敬愛されるのと同じ意味での「父」であろう。

ところが、英国の著名な古代史家ド・サント・クロワ(G. E. M. de Ste. Croix)は講演の中で冗談だと断りながらも、次の代で初めて真の意味の歴史が生まれるという意味でヘロドトスは歴史の父なのだ、というようなことを語っている。次の代とはトゥキュディデス(前四六〇頃—四〇〇頃)を指すが、彼はしかしヘロドトスの後継者ではあるにしても、ヘロドトスを批判することから出発し、地域と時代を局限してペロポネソス戦争だけを記述した。人の住む世界の最果てにまで想いを馳せ、記録と言い伝えの及ぶ限りの過去にまで溯って、人間界・自然界のあらゆる事象を語りこむヘロドトス流の著作態度を引き継ぐ者は、絶えて現れなかった。

歴史記述の二つの流れ

古代における歴史記述のカノン、すなわち最も模倣されるに価する作品はヘロドトス『歴史(ペルシア戦争史)』、トゥキュディデス『歴史(ペロポネソス戦史)』、そしてクセノポン『ギリシア史』とされるが、ハリカルナッソスのディオニュシオス(前一五頃盛時)がヘロドトスとトゥキュディデスのテーマや文体を比較論評したように、この二人こそ卓絶した存在であった。しかし、二人が後世受けた扱いには天地の開きがある。

ヘロドトスの前に歴史家はなく、『歴史』の後に類書はない。ペルシア軍が立て籠もる北方セストスの城塞をアテナイ軍が陥れた前四七九年をもってヘロドトスが『歴史』の筆を擱《お》き、トゥキュディデスはその年から『歴史』第一巻の「五十年史」を書き起こした、という意味では二人は連続しているが、両者のテーマと方法は大きく異なっている。視野の広さと雑学的内容でヘロドトスの衣鉢を継ぐのではないかと考えられるのは、むしろ次の世紀の二人である。

キオスのテオポンポス(前四世紀)は弁論家イソクラテス(前四三六―三三八)の弟子で、二万行を超える弁論作品を書いた後に歴史記述に転じ、『ヘロドトスの要約』二巻を書いたと伝えられる。もしこれが本当なら、ヘロドトス流の歴史を書くための修業の一環かとも考えられるが、どうやらこれは別の著作の一部であったらしい。後年の主著『ピリッポス史』(五八巻、散逸)はアレクサンドロス大王の父ピリッポス二世の登位から死まで(前三五九―三三六年)を枠組にして、神話や民族誌の余談を夥《おびただ》しく詰めこんだものであったようである。『ピリッポス史』にはこのような驚異譚も記されていた。

ヨーロッパとアジアとリビアは島であり、その三つを取り巻いてオケアノス〔大洋〕が流れ、オケアノスに囲まれたこの世界の外側にあるもののみが大陸なのである。その大陸の大きさは無限で、巨大な生物が棲息しているが、そこに住む人間もこちらの世界の人間より二倍も大きく、寿命もわれわれと同じではなく倍生きる。……最大級の都市が二つあるが、互いに似ても似つかぬもので、一方は「好戦国《マキモス》」、もう一方は「敬虔国《エウセベース》」と呼ばれている。敬虔国の住民は豊かな富と平和に恵まれて生活し、犂《すき》も牛も用いずに大地の稔りを取り入れるが、耕したり種蒔きをする必要はない。一生健やかで病気を知らず、笑いと愉楽の裡《うち》に生を終えるという。……向こうの大陸ではメロペス人とかいう名の部族が多数の広大な町を構えて住んでいるが、その領土の最果てのところには「不帰の郷《アノストス》」と呼ばれる場所がある。そこはぽっかりと口を開けた深淵にも似て、闇に閉ざされているのでもなく、さりとて光に照らされているのでもなく、暗赤色を混ぜたような靄《もや》が一面に覆っている。そのまわりを二つの川が流れ、一方は「快楽川《ヘードネー》」、もう一方は「苦痛川《リューペー》」と呼ばれるが、両河のほとりにはプラタナスの巨木ほどの高さの木が並んでいる。苦痛川のほとりの木になる実がどんな性質を持っているかというと、その実を味わった者はとめどなく涙を流し、余生の限りを嘆き尽くし、やつれて遂には死に至る。他方、快楽川のほとりに生えた木はこれとは正反対の性質の実を結ぶ。その実を味わった者は、それまで抱いていたもろもろの欲望を捨て去り、愛した人のことも忘れて、少しずつ若がえり、これまでの過ぎ去った年月を溯っていく。つまり、老いを投げ捨てて壮年に戻ると、さらに青年に、そして少年に回帰し、やがて胎児となって、かくしてすっかり消滅してしまうのである、と。

（断片七五c＝アイリアノス『ギリシア奇談集』三・一八）

キケロは「ヘロドトスやテオポンポスには無数の作り話がある」と評したが、これなどはヘロドトスも記さぬ奇談のように筆者には思われる。

もう一人はキュメのエポロス（前四〇五頃―三三〇）である。僅か五十数年の間にローマが地中海の覇者となった所以《ゆえん》を解明すべく『歴史』四〇巻を著したポリュビオス（前二〇〇頃―一一八頃）は、「全体史」（ta katholou タ・カトルー）を書いて先人を凌ぐ偉業を成し遂げたと主張する史家は多いけれども、真に全体史を書いたのはエポロスが最初でただ一人だと称えている（『歴史』五・三三・二）。一巻の長さが分からないので単純な比較はできないが、ヘロドトスの九巻に対してエポロスの『歴史』は三〇巻、ドーリス族のバルカン半島侵入に比定されるヘラクレスの後裔の帰還（前一〇六九年）からピリッポス二世のペリントス包囲（前三四〇年）までを覆い、ギリシアのことも東方異民族のことも扱っていた。シチリアのディオドロス（前一世紀）、ストラボン（前六四頃―後二一頃）、プルタルコス（五〇頃―一二〇頃）その他の史書に大いに利用されたが、散逸してヘロドトスと比較できないのが残念である。

テオポンポスとエポロスがどれほどヘロドトス風であったかは確定できないのに対し、トゥキュディデスを引き継ぐ歴史家は少なくとも三人現れた。トゥキュディデスはペロポネソス戦争（前四三一―

四〇四年)が勃発するや、これがギリシア人・非ギリシア人を巻き込む未曾有の大戦争に発展することを予見して直ちに筆を起こしたが(『歴史』一・一)、彼の死によって記述は前四一一年のところで中断する。しかし、『ソクラテスの思い出』や『アナバシス』で知られる多作家のクセノポン(前四三〇頃―三五五頃)が、一年の夏冬ごとに事件を記述するトゥキュディデスの編年体を踏襲して、前四一一年からマンティネイアの戦い(前三六二年)までの『ギリシア史』を書き継いだ。ナイル河西岸の町オクシュリュンコスで出土したパピルスに含まれていたところから『オクシュリュンコスのギリシア史』と呼ばれる大断片も、クセノポンと同じ期間を扱っている。先のテオポンポスもトゥキュディデスを書き継いだ一人で、その『ギリシア史』(散逸)はスパルタの覇権の終焉を画するクニドスの海戦(前三九四年)で終わっていた。この三つの『ギリシア史』はトゥキュディデスを引き継ぐ意志を明確に示した地域史であった。

再び歴史の父

こうしてトゥキュディデス以後の歴史記述は時代と地域を限定した個別史が主流となり、世界史・全体史の場合にも、ヘロドトスのように自ら旅して材料を集めるのではなく、先行諸書を再解釈し編集したものになっていく。そして、近代歴史学の祖ランケにより最高の歴史家と認められたトゥキュディデスが範となって、政治・外交・軍事史が歴史記述の本流とされた。近代になって生まれた諸学、生物学・考古学・民族学・民俗学・宗教学・社会学等の観察が歴史記述の中に渾然と組み入れられるようになるのは二〇世紀に入ってからのことで、この意味で、ヘロドトスは現代に至ってようやく「歴史の父」となった、と言われたりもするのである。

歴史は「歴」(軍行において経歴するところ、時所を経過すること)と「史」(祭祀の記録)の組み合わせから「過去の変遷の記録」と釈《と》かれるが(白川静『字通』)、これにあたるギリシア語 historia ヒストリアー(イオニア方言では historie ヒストリエー)には当初から「過去の記録」の意味があったわけではない。動詞 historein ヒストレインは「質問する、調べる、探究する」というほどの意味で、ヘロドトスの書名「ヒストリエー」も原義を守れば「探究」となろう。世界の成り立ちについて、大地の形状について、王家の系譜について、人体と病気について、探究することと探究の結果得られた知識はすべてヒストリエーであった。それが過去の出来事の記録として特化されるのは前四世紀以後のことと考えられる。アリストテレス(前三八四―三二二)は歴史家と詩人の違いは、すでに起こったことを語るか起こる可能性のあることを語るかという点にある、としてこう述べる。

> したがって、詩作《ポイエーシス》は歴史《ヒストリアー》にくらべてより哲学的であり、より深い意義をもつものである。というのは、詩作はむしろ普遍的なことを語り、歴史は個別的なことを語るからである。
>
> (『詩学』一四五一b。松本仁助・岡道男訳)

「ヒストリエー」という言葉の初出はヘロドトスであるが、これが一〇〇年後のアリストテレスの頃までに「探究、とりわけ過去の出来事の探究の記録」という専門用語となるについては、やはりヘロドトスの著作が大きく貢献したものと思われる。

では、このような歴史研究をギリシア人に促したものは何だったのであろうか。民族によって、天地開闢と人類の誕生を説く神話が歴史に進む場合もあれば、王家の系図や帝室の年代記が発展して歴史となったり、日月の運行の観測から歴史が生まれることもあろうが、ギリシア人の場合には、二度にわたる異民族との抗争の経験が彼らの歴史意識を育てたのであろう。まず、伝説的なトロイア戦争(前一三世紀)は後に叙事詩『イリアス』の素材となり、ホメロスはそこで人間の悲哀と崇高を謳いあげ、人間とは何かを問いかけた。そして、前五世紀初頭に起こったペルシア戦争こそ、ヘロドトスに『歴史』を書かせたのである。ギリシア人は異民族との戦争を契機にして自己と世界に対する意識を研ぎ澄ませ、歴史研究の領域を拓いていったのである。

第Ⅰ部
書物の旅路

歴史家はいかにして創られたか

第一章　歴史家を創ったもの

ヘロドトスの『歴史』は散文作品としては世界最古にして最長である。これより古く、ホメロスの名に帰せられる叙事詩『イリアス』『オデュッセイア』(前八世紀末)は韻文であり、それぞれ一万五〇〇〇行、一万二〇〇〇行を超える長大な叙事詩が文字の助けもなしに作られたことは驚異とされるものの、現代の民族叙事詩・口承詩との比較研究によって韻文特有のさまざまな詩作技法が発見され、両叙事詩の成立事情に光があてられるようになった。これに対して、ヘロドトスの活動した前五世紀半ばはアルファベットが発明されて三世紀を閲《けみ》するとはいえ、ギリシアはまだ文字と書物よりは記憶と口伝えが幅を利かせる社会であったと考えられる。このような時代にヘロドトスのような雑多な内容の浩瀚《こうかん》な書物がいかにして書かれたか、謎とすべき点が多い。

ヘロドトスの最大の武器は旅と聞き取り調査であったが、船と驢馬と徒歩の旅が今日のように安全快適なものでなかったことは想像に難くない。イタリアで竪琴と歌の上演によって財を成したアリオン（前六〇〇頃）が、コリントスへの帰途海賊に遭う話が『歴史』（巻一・二三）に語られている（五三頁参照）。長旅の資金はどのようにして賄《まかな》ったのか。調査旅行の先々に図書館や公文書館があり、資料を自在に閲覧できたわけではない。聞き取りをしながらノートやメモを取ったのかどうか。パピルスは稀少で羊皮紙は嵩《かさ》ばりすぎたはずだ。このような具体的な些事も興味深いのであるが、ここに停滞するわけにもいかないので大きな問題へと移って行きたい。

文学史においては、あるジャンルの発生期に最高傑作が現れてしまうことが間々ある。叙事詩で言えばホメロスの『イリアス』『オデュッセイア』、歴史の分野では司馬遷《しばせん》『史記』やヘロドトス『歴史』がそうである。しかし、歴史の父といえども父なし子ではあり得ぬ以上、『歴史』の誕生を用意したさまざまな要素を考えてみることはできる。それらを列挙すると、まずはヘロドトスが生まれ育った土地と文化のハイブリッド性がある。そして、驚異を求め原因を尋ねる広大な旅。ホメロスへの親炙《しんしゃ》もヘロドトスの文体と語りの技法に大きな影響を与えた。また、イオニア地方の散文作家はヘロドトスに多くの情報を提供したし、同地で発達した自然哲学や医学の探究精神は正にヘロドトスの活動の原動力であった。さらに、壮年期のヘロドトスは黄金時代のアテナイを訪れるが、そこでの当代最高の知性との出会いも『歴史』に深みを与えたことであろう。以下において、ヘロドトスを歴史家たらしめたこれらの要素を個別に見ていこう。

生いたち

ヘロドトスは作中「どこへ行った、何を見た、私の意見では」などとしばしば語り、決して「私」を隠さないが、経歴や私生活には一切触れないため、生年・没年・終焉の地も含めてその生涯は不明なことが多い。そこで、彼の伝記的な事柄を探る出発点として、一〇世紀に編まれた文学百科事典『スーダ辞典』の「ヘロドトス」の項を引用してみよう。

ヘロドトス　リュクセスとドリュオの子、ハリカルナッソスの人。名家に属し、テオドロスなる兄弟があった。アルテミシアから三代目のハリカルナッソスの僭主リュグダミスのためサモス島へ亡命した。アルテミシアの息子がピシンデリス、その子がリュグダミスというわけである。サモスでイオニア方言をも習得し、ペルシア王キュロスおよびリュディア王カンダウレスから始めて九巻から成る『歴史』を書いた。ハリカルナッソスに戻り僭主を追放したが、後に自分が市民たちから妬まれていることを知るに及び、アテナイ人の植民になるトゥリオイに自ら望んで赴き、その地で没して広場《アゴラー》に葬られている。別の説によると、彼はペッラ〔北方マケドニアの大都〕で死んだ。『歴史』各巻のタイトルは詩の女神《ムーサイ》の名になっている。

さらに『スーダ辞典』の「パニュアシス」の項によると、ヘロドトスにはパニュアシスなる従兄《いとこ》（あるいはおじ）がいて、こちらはホメロスに次ぐとの評価を受けるほどの叙事詩人であったが、僭主リュグダミスに殺されたという。

ハリカルナッソスは小アジア西南部を占めるカリア地方の町で、現代のトルコ共和国ボドルムの地に当たる。カリア地方は印欧語を話す非ギリシア人の住地であったが、前九〇〇年頃、ドーリス系のトロイゼンがハリカルナッソスの町を建て、町はさらに前五世紀までにイオニア文化圏に組み入れられていたから、ここではカリア語の基層の上にギリシア語のドーリス方言、次いでイオニア方言が積み重なったことになる。ヘロドトスの母の名ドリュオはギリシア語であるが、父リュクセスや従兄パニュアシス、僭主リュグダミスはカリア語系の名前で、ヘロドトス自身混血児であったかもしれない。

アルテミシアはハリカルナッソスの独裁者で、前四八〇年、ペルシア大王クセルクセスのギリシア遠征に従い、サラミスの海戦では女傑と謳われた。リュグダミスに祖国を逐われたヘロドトスも、僭主の祖母にあたるアルテミシアは讃嘆おく能わず、としている(巻七・九九)。

サモスはハリカルナッソスの西北、陸からは二キロメートルも離れぬ大きな島であるが、ヘロドトスがここで「イオニア方言をも習得した」というのは正しくない。ヘロドトスの生時、祖国はすでに久しくイオニア方言域となっていたからである。『スーダ辞典』はまた、ヘロドトスのアテナイ滞在や世界的な大旅行に言及していないことでも不正確である。

「ハリカルナッソスに戻り僭主を追放した」というのは前四五四年より少し前であろうか。僭主を倒したハリカルナッソスが民主主義陣営のデロス同盟に加わるのがこの年だからである。

ヘロドトスがアテナイに滞在したことは、ペルシア戦争の折に焼かれたままに残っていたアクロポリスの城壁を目撃していること(巻五・七七)などから明らかであるし、「歴史家ヘロドトスがアテナイ人に本を朗読して聴かせ、評議会から褒賞を受けた」(エウセビオス『年代記』前四四五／四年の項。プルタルコス『ヘロドトスの悪意について』八六二B参照)という記事もある。『スーダ辞典』によると、ヘロドトスはハリカルナッソスからトゥリオイに赴いたように見えるが、アテナイから出発したとする方が考えやすい。

トゥリオイは前四四四／三年、アテナイ人の主導で南イタリア土踏まずの部分に建てられた植民地である。ペリクレス(前四九五頃―四二九)はこの新都の憲法の起草を高名なソフィスト、プロタゴラスに依頼した。ヘロドトスの『歴史』にトゥリオイの名は一度も現れぬのであるが、数々の文化人に混じってヘロドトスもこの植民事業に加わったと伝えられ、それがヘロドトスの生涯における盛時(akme アクメー)、すなわち四〇歳頃のことだと想定すれば、生誕は前四八四年頃となる。

『スーダ辞典』はヘロドトス終焉の地をマケドニアのペッラとするが、他の史料からの裏付けはなく、没年についても推測するしかない。『歴史』が記す最も新しい事件は、ペロポネソス戦争中にスパルタとコリントスの使節がペルシア大王の許《もと》へ軍資金の交渉に赴く途中、裏切りに遭って殺されたというものだが(巻七・一三七)、この事件をトゥキュディデスの『歴史』(二・六七)は前四三〇年晩夏のこととして詳しく記述しているから、この年にはまだヘロドトスは生きていたということが知られるのである。同じ年の六月以降アテナイを襲った大疫のことをヘロドトスが一切語らぬのは、不思議とするほかない。結局、確たる手がかりのないままに、ヘロドトスは前四八四年頃に生まれ、前四三〇年以後間もなく世を去った、と推測されるのである。

このような略伝からヘロドトスの人格形成期を想像するのは楽しい。生地ハリカルナッソスは夙《つと》にイオニア文化圏に入っていたが、イオニア地方はギリシアがオリエントの先進文明を受け入れる窓口であり、ホメロスの叙事詩が作られ、哲学が生まれた地であった。町にはギリシア語とカリア語が飛び交い、当時の支配者ペルシア人の姿も日常的に見られたであろう。後の歴史家の異文化に対する感受性と公平な眼差しが培われたにちがいない。好奇心旺盛で質問好きなヘロドトス少年に、従兄のパニュアシスがホメロスの叙事詩や自作の『ヘラクレス物語』を語り聴かせたであろう。名家に属し僭主追放のクーデターに関与したことから、生々しい政治感覚も身につけたはずである。亡命先のサモス島は前六世紀後半に僭主ポリュクラテスのもとでエーゲ海に覇を唱え、ギリシア各地から名高い詩人や建築家を重聘《じゅうへい》した。その頃に成った三大事業、水路を備えた巨大トンネル・海中に築かれた防波堤・世界最大のヘラ神殿はヘロドトスの時代にも見ることができたが（巻三・六〇）、それらは未知なるもの、驚嘆すべきものへのヘロドトスの思いを掻きたてた。旅への憧れもこのことと関連しようが、それについては次章で述べたい。

ホメロスへの親炙

クセノポン『饗宴』はプラトン『饗宴』の向こうを張って作られた対話篇であるが、その中でニケラトスなる若者が、ホメロスは人間に関わるあらゆること、家政術・民衆指導術・用兵術・戦車の御し方、さらには玉葱の食べ方まで教えてくれると語り、自分は『イリアス』『オデュッセイア』を暗誦できると誇っている(『饗宴』四・六および三・五)。これは極端な例であるにしても、一般にホメロスはギリシア人の教師と目されていたから、筆硯の徒はホメロスを熟知していて当然であった。『国家』において詩人追放論を唱えたプラトンでさえ、全作品中に一〇〇回以上もホメロスを引用するが、ホメロスを自在に呼び出すことではヘロドトスも負けてはいない。

これをきいてシュアグロスが堪忍袋の緒を切っていうには、「スパルタ人がゲロン王とシュラクサイ人によって、統帥権を奪われたときいたらば、ペロプスの裔《すえ》なるアガメムノンはさぞや大声をあげて泣き悲しむことであろう」。(巻七・一五九)

いやはや、なんと大きな悲しみがアカイア陣を襲ったことか。馬を駆るペレウス老もさぞや大声をあげて泣き悲しむことであろう。(『イリアス』七・一二四―一二五)

ヘロドトスは『イリアス』の一行を借用して、主語の「馬を駆るペレウス老」だけを、これまたホメロス調の「ペロプスの裔なるアガメムノン」に変えている。

原典の最善の読みを確定しようとするテクスト・クリティク(本文《ほんもん》批判)の学問は前三世紀、アレクサンドレイアのムーセイオン(学問所)と図書館で興ったが、ヘロドトスはそれよりはるかに早くホメロス批判を行っている。『イリアス』はトロイア王子パリスがスパルタの王妃ヘレネと財宝を奪って逃げ帰り、それを奪い還すべくギリシアの大軍がトロイアに攻め寄せる物語であるが、これとは別に、パリスが連れ帰ったのは神が雲から拵《こしら》えた幻(eidolon エイドーロン。似姿)で、本物のヘレネはエジプトに留めおかれた、とする話型があった。これを伝える最古の典拠は抒情詩人ステシコロス(前六世紀前半)で、彼は「ヘレネの幻でなくヘレネ当人がトロイアに居ることにしている、としてホメロスを非難した」(断片一九三 Page)。しかし、このステシコロスにも興味深い伝説があって、「ある時、テュンダレオスは八百よろずの神に供犠を捧げたが、ひとりアプロディテのことは失念していた。このため女神はテュンダレオスの娘たち(ヘレネとクリュタイムネストラ)に腹を立て、二度も三度も結婚し、夫を捨てるような女になし給うた」(断片二二三 Page)という主旨の歌を作ったため、ヘレネの神罰が下り失明してしまった。そこで直ぐさま、「今の話は真にあらず、あなたは漕ぎよき船で行かれもせねば、トロイア城へ入られもせず」と歌い直し(palinoidia パリノーディアー)を作ったところ、たちまち視力を回復したというのである(プラトン『パイドロス』二四三A)。

エウリピデス(前四八五頃―四〇六)の悲劇『エレクトラ』や『ヘレネ』はこの話型を前提にして作られているが、ヘロドトスもヘレネのエジプト滞在説を支持している。その根拠は、戦争のため五〇人の息子の命が次々と奪われ国の存立も危ぶまれる中で、もしヘレネがトロイア城内に居るのなら、プリアモス王はギリシア側からのヘレネ返還の要求に応じなかったはずがない(巻二・一二〇)、とする理屈と、『イリアス』テクストの文献学的考証である。すなわちヘロドトスによると、ホメロスは『イリアス』六歌で、そこには目も彩《あや》に刺繡した衣装が蔵《おさ》めてあった。これはシドンの女たちの手に成ったもので、その女たちは、誰あろうその姿神にもまごうアレクサンドロス〔パリス〕その人が、尊い生まれのヘレネをば故国に伴う道すがら、広海原を渡り、シドンの国より連れ帰ったものであった。

（二八九―二九二）

と歌っているから、パリスがヘレネを伴って諸方を彷徨《さまよ》い、フェニキアのシドンやエジプトにも行ったことを知っていたのは明らかであるが、この話は叙事詩向きでないのでホメロスは採用しなかった、というのである（巻二・一一六）。これに関連してヘロドトスはさらに、トロイア伝説圏に属する叙事詩『キュプリア』（散逸）では、パリスはヘレネを奪ってスパルタを発ち、順風と平穏な海に恵まれ三日目にトロイアに帰着した、とあるから、『キュプリア』の作者はホメロスとは別人だと喝破している。こういったことから、ヘロドトスはテクスト・クリティクに踏み込むほどにホメロスを熟知していたことが知られるのである。

余談であるが、ヘレネのエジプト滞在に関して面白い異伝がある。「ステシコロスがその詩で言うには、アレクサンドロス〔パリス〕はヘレネを攫《さら》ってパロス島〔ナイル河口、アレクサンドレイア沖の島〕を経てやって来たところ、プロテウス〔エジプト王〕に彼女を取り上げられ、画板に描いた彼女の絵姿〔eidolon エイドーロン〕を渡された。それを見て恋心を慰めるようにというのであった」（アリステイデス

『第一三弁論』一三一への古注）。類似の記事に、「一説によると、プロテウスはエジプトを通って来たアレクサンドロスからヘレネを奪い、そのエイドーロンを与えた。彼はこうしてトロイアへ航海した。これはステシコロスが伝えるところである」（リュコプロン『アレクサンドラ』一一三に対するツェツェスの注釈）とある。「エイドーロン」とのみあるのは幻か似姿か定め難いが、「画板に描いたエイドーロン」は絵姿と解してよかろう。絵姿からはまた次のような話が思い出される。

殷《いん》の武丁《ぶてい》は衰えた国を再興しようと腐心していたが、ある夜、夢で聖人説《えつ》に会った。群臣百官を集めたが聖人に似た者がいなかったので、説の似顔絵を描かせ、百官を郊外にやって説を探し出させた（司馬遷『史記』殷本紀《いんほんぎ》第三）。

敬君という名人、斉王に召されて九重の楼台に絵を描くが、久しく帰ることを得ず、愛妻を偲んでその姿絵を描いて相対した。斉王、その妻の美しいことを知り、銭百万を与えて妻を納《い》れた（張彦遠《ちょうげんえん》『歴代名画記』巻第四）。

シキュオン（コリントス西方の豊かな町）の陶工ブタデスの娘、外国へ旅立とうとする恋人をランプの前に立たせ、壁に映る影から顔の輪郭を取った。父親がそこから粘土で型取りし、火で焼き固めたのが塑像の始まりだという（プリニウス『博物誌』三五・一五一）。

若者が三人の天女の水浴びするのに出会い、その中の一人の羽衣を隠して家に連れ帰り女房にする。女房の顔を眺め暮らして働きに出ない若者に、女房は自分の姿絵を与え、それを見ながら畠仕事をさせたところ、姿絵は風に運ばれて殿様の庭に落ち、殿様は姿絵の女を探し出して取り上げてしまう……（昔話「絵姿女房」）。

遠江《とおとうみ》の防人《さきもり》、物部古麻呂《もののべのこまろ》の歌、「わが妻も絵に描《か》き取らむ暇《いつま》もが旅行く我《あれ》は見つつ偲《しの》はむ」（『万葉集』巻第二〇、四三二七）。これは防人の歌とはいえ、殷の武丁や斉の敬君の故事のようなものを知っていた人の作ではないかと私は久しく疑ってきたが、専門家の考があるのかどうか知らない。

絵に描かれた美人に恋して探索の旅に上る物語はインド・ペルシア・アラビアなどに多いが、これはヘレネを求めて遠征しながら、その絵姿を摑まされて帰るパリスの話と逆転関係にある。ホメロスが採用しなかったヘレネの似姿の話型は、このような絵姿をめぐる説話群との関連で考えるとよいと思うのだが、余談はここまでとして本筋に戻らなければならない。

ホメロスの影響──直接話法

ヘロドトスがホメロスから学んだかと思われることを二つ見ておこう。まず、直接話法を多用する文体である。ホメロスの叙事詩は表現形式から見ると、作者が三人称を用いて語る地の文（diegesis ディエーゲーシス、叙述。または apangelia アパンゲリアー、報告）と、作者が登場人物になりきってその台詞を直接話法で語る部分（mimesis ミーメーシス。模倣）とから成っている。ホメロスの叙事詩は直接話法で語られる部分が大きく、『イリアス』ではその割合は四五％にも及ぶとされるが、ヘロドトスとトゥキュディデスも歴史記述としては直接話法が際だって多い。ただ、トゥキュディデスの場合はほとんどが政策や軍事作戦を主張する長大なスピーチであるのに対し、ヘロドトスでは舞台劇を思わせる会話が圧倒的に多い(ヘニ(R. Heni)の計算によると、スピーチが三八回しかないのに対して会話は七六回あるという)。ヘロドトスは「カンダウレスの妃とギュゲスの物語」(巻一・八以下。一三一頁参照)のように小説的な興趣が乗ってくると、登場人物に対話をさせることにより記述に生彩を添える。また、ソロンとクロイソスの幸福問答(巻一・三〇。一〇五頁参照)、ペルシア貴族による政体論議(巻三・八〇。四二頁参照)、ギリシア遠征の意志を表明するクセルクセス大王と諫止する叔父アルタバノス(巻七・一〇)、海面を覆い尽くす艦船を眺めて満悦の後に落涙するクセルクセスとアルタバノスの人生論(巻七・四五)、ペルシア人とギリシア人の価値観について語り合うクセルクセスとスパルタ王デマラトス(巻七・一〇一以下および二〇九。一一三頁参照)等々に見られるように、ヘロドトスは『歴史』のテーマと深く関わる重要な思想を登場人物の対話の形で表明するのである。

ホメロスの影響――短い時間枠

もう一つは、広範に及ぶ内容を短い時間枠の中に閉じ込めて語る技法である。『イリアス』はトロイア城下におけるトロイア軍とギリシア軍の攻防を描くが、アキレウスの怒りとヘクトルの埋葬を枠とする五三日間ほどの物語の中には、数十年前に溯るトロイア戦争の遠因からトロイア落城の予感までが語り込まれている。どうしてこのようなことが可能になるかといえば、ホメロスはひたすら前へ前へと進むばかりであるが、登場人物が会話の中で過去の思い出や未来の予言を語るからである。同様に『オデュッセイア』では、神々の会議とオデュッセウス夫妻の再会を枠とする四十数日間の物語の中に、二〇年に及ぶオデュッセウスの戦いと放浪、それに彼の死の予言までが語り込まれている。

一方ヘロドトスの『歴史』は、ペルシアに滅ぼされたリュディア王クロイソスの登位(前五六〇年頃)とアテナイ軍によるセストス攻略(前四七九年)を枠としながら、一万年以上も溯るエジプトの古史や、ヘラクレス(前一四世紀半ば)より発祥するリュディア・スキュティア(スキタイ)・スパルタ等の王家の起源にも説き及んでいるが、八〇年の時間枠の中でこのようなことが可能になるのは、夥しく挿入される余談と脱線のお蔭である。アキレウスの怒りにテーマと時間枠を限定することにより、緊密な統一性を達成した『イリアス』というモデルがあったればこそ、ペルシアの興隆からギリシア遠征の挫折までをテーマとも時間枠ともする『歴史』の構想を、ヘロドトスは獲得しえたのである。

序文の伝統

ヘロドトスがホメロスに負うものは他にも指摘できるが、ホメロスの刻印が最も強く認められるのは序文(prooimion プロオイミオン)であろう。ここに四つの序文を並べてみる。

怒りを歌え、女神よ、ペレウスの子アキレウスの呪わしい怒りを。それこそはアカイア勢に数知れぬ苦難をもたらし、猛き武士《もののふ》の魂をあまた冥府に突き落とし、屍《しかばね》は野犬野鳥の餌食となした。民の王なるアトレウスの子と勇ましいアキレウスとが、その初め争って袂《たもと》を分かってより、ゼウスの意図は遂げられていった。

そもそもいかなる神が、二人を争いで啀《いが》み合わせたのか。

（ホメロス『イリアス』一・一—八）

ミレトスの人ヘカタイオスはかくの如く語る。私に真実だと思われるとおり、以下の如く記す。ギリシア人の説くところは多いが、私には笑うべきものと見えるからである。

（ヘカタイオス『歴史』あるいは『系譜』あるいは『英雄の物語』序文）

これはハリカルナッソスの人ヘロドトスによる探究〔historie ヒストリエー〕を公にしたものである。人間のなした出来事が時と共に忘れられてしまわないように、また、ギリシア人や異民族《バルバロイ》によって示された偉大で驚嘆すべき事跡が世に謳われないままではいないように、他の事どもと共に、とりわけ、彼らが互いに戦うことになった原因〔発端。aitie アイティエー〕を。

ペルシア側の学者の説によると、争いの原因〔発端〕をなしたのはフェニキア人であったという。

（ヘロドトス『歴史』序文および巻一・一）

アテナイ人トゥキュディデスはペロポネソス人とアテナイ人が互いにいかに戦ったか、その戦争を記述した。両者が準備万端最高潮に達して戦争に突入したことから判断して、また、残りのギリシアもいずれかの陣営に直ちに加わり、あるいは加わろうと考えているのを見てとったので、戦争勃発後直ちに筆を起こし、これが特筆すべき未曾有の大戦争となることを予想して、記述した。

（トゥキュディデス『歴史』一・二）

トゥキュディデスはヘロドトスの『歴史』を座右に置いて執筆したのではないかと思われるほど、ヘロドトスの細部を修正する場合があるが、序文においてもヘロドトスを意識し、ヘロドトスとの違いを出そうとしていることは明らかである。「アテナイ人トゥキュディデス」と作者名を明示するのはヘロドトスと同じ。しかし、テーマは「ペロポネソス人とアテナイ人の戦争」だと素気なく告げることにより、ヘロドトスが「探究」をテーマに掲げ、「戦争の原因」を探究しようとすることを批判しているのだと思われる。ヘロドトスは探究の名のもとに権威なき情報を採録したり、確かめようのない原因を揣摩《しま》憶測する。ダレイオス大王にギリシア遠征を促した原因として、ヘロドトスはギリシア人医師の望郷の念や妃アトッサの寝物語を挙げたりする（巻三・一三二および一三四）——トゥキュディデスはこのような態度は歴史家のとるべきものではないとして、自分の『歴史』は戦争に関する事実のみを記述する、と宣言しているのである。

ヘロドトスの序文は後世のヘロドトス愛好家の手になる贋作だ、とする説がある。真作だとしても、ギリシア語としてはぎこちない継《つ》ぎ接《は》ぎ細工だと評されることがあるが、私は考え抜かれた堂々たる序文だとする評価につきたい。いずれにしても、ヘロドトスの序文はヘカタイオスを飛び越してホメロスの伝統に連なるものと考えられる。

ヘカタイオスの序文は「ミレトスの人ヘカタイオス」と作者名を明示し、笑うべき旧説に代えて真実と思われるところを記す、と意気ごみを述べてはいるものの、テーマが抜け落ちた貧弱なものである。これに対してホメロスの序歌では、「怒りを歌え」でアキレウスの怒りがテーマとして提示され、「女神よ」の呼びかけで作者は詩神《ムーサ》だと示され、六行目の「争って」(erisante エリサンテ。eris エリスを語根とする)が本文の「二人を争い〔eris〕で啀み合わせた」に繫がっていく。作者・テーマ・繫ぎの言葉の三要素を具えるのが古代叙事詩の序歌の定型となり、ヘロドトスの序文も散文ながらそれに従う、と考えられている。すなわち、「ハリカルナッソスの人ヘロドトス」が作者を、「探究」がテーマを示し、「戦うことになった原因」と「原因をなしたのは」が序文と本文とを繫いでいる。構想や語りの技法でホメロスの影響を受けたヘロドトスは、最も目立つ序文でもホメロスを模倣しているのである。

イオニア地方の散文作家

初めて散文で著作したとされるシュロスのペレキュデス(前五四四頃盛時)については、ディオゲネス・ラエルティオス『ギリシア哲学者列伝』に略伝があり、ディールス＝クランツ編『ソクラテス以前哲学者断片集』に僅かばかり断片も集められているが、ピュタゴラスの師とされたり不思議な予言の力を伝えられる他、神々の誕生や宇宙創造について書いたことが知られるに過ぎない。その後イオニア地方に散文作家が輩出して、神話の合理的解釈・神々や英雄を出自とする名家の系譜・王や祭司の表・建国伝説・沿岸航海・異民族の風俗習慣等に関する書を成したが、すべて散逸した。ヘロドトスより年長とされる作家としてはミレトスのディオニュシオス(『ペルシア誌』)、リュディアのクサントス(『リュディア誌』)、ランプサコスのカロン(『エチオピア誌』『ペルシア誌』等)などの名が知られるが、ヘロドトスが彼らに依拠したかどうかは分からない。古代の作家は先行の書物を利用する時には名を記さず、批判する場合にのみ名ざす傾向があったからである。このような事情の中で、ヘロドトスにとって決定的に重要な先行者はミレトスのヘカタイオスであった。

ヘカタイオス　ミレトスの人でヘゲサンドロスの子。カンビュセスの次に王となったダレイオス〔在位前五二二―四八六〕の時代に活躍〔あるいは、生まれた〕。第六五オリュンピア紀年〔前五二〇―五一六〕に当たり、ミレトスのディオニュシオスと同時代。歴史を書く人。後輩になるハリカルナッソスのヘロドトスが彼から裨益を受けている。ヘカタイオスはプロタゴラスの弟子でもあった〔この点はアナクロニズム〕。初めて散文で歴史を書いたが、散文を用いたのはペレキュデスが最初。アクシラオスの著作は偽作とされるから〔最初とは言えない〕。　(『スーダ辞典』「ヘカタイオス」の項)

ヘカタイオスの著作は二つ伝えられているが、二四頁に序文を紹介した『歴史《ヒストリアイ》』(あるいは『系譜《ゲネアロギアイ》』あるいは『英雄の物語《ヘーローオロギアー》』)は四巻、神話的出自を主張する名家の系譜を合理的に解釈し編述したもので、三十余の断片しか残存しないのは、この分野の著作としてはレスボスのヘラニコス(前四八〇頃―三九五)に乗り越えられ、重視されなかったためであろう。もう一つの『世界周遊』(Periegesis ペリエーゲーシス、またはPeriodos Ges ペリオドス・ゲース)二巻は先駆的な意義を持ち、ヘロドトスに与えた影響も大きいとされる。三〇〇以上の断片が伝わり、記述はジブラルタル海峡から地中海北岸に沿って東に進み、内陸のスキュティアやペルシア・インド・エジプトにも説き及びつつ、地中海南岸を西へ戻ってモロッコの大西洋沿岸で終わる。

ヘカタイオスがエジプトのテーバイでゼウス(アンモン)神殿の祭司と対話し、自分の家系は一六代溯れば神に至ると語ったところ、祭司たちはギリシア人の歴史の浅いのを嘲笑《あざわら》うかのごとく、自分たちは三四五代溯ってもまだ神にはならぬと応じた。この話を伝えるヘロドトス(巻二・一四三)の筆はいささか意地悪いようにも見えるが、他の個所では、ヘロドトスはヘカタイオスの見識を認めている。イオニアの諸都市がペルシアに対して反乱を企てた時(前四九九年)、ヘカタイオスはペルシアの強大と企ての無謀なることを説いたが容れられなかった(巻五・三六)。反乱に利なく、主謀者でミレトスの支配者アリスタゴラスが逃亡を余儀なくされた時、ヘカタイオスは方策を建言して再び容れられず、アリスタゴラスは落命することになる(巻五・一二五―一二六)。

『歴史』巻二は「エジプト誌」と呼ばれ、エジプトの国土・風習・宗教・歴史を詳述して余すところないが、巻四の「スキュティア誌」と並んでこの部分で、ヘロドトスはヘカタイオスに依拠すること最も大きいと考えられる。鰐の捕獲法・河馬の形状・父親を埋葬する聖鳥フェニックスの出現(巻二・七〇―七三)などの記述は、ヘロドトスがヘカタイオス『世界周遊』の表現をそのまま借用したとさえ伝えられるが(ヘカタイオス、断片三二四)、ヘカタイオスを顕彰するためには何よりも、ヘロドトスが世に広めた「エジプトはナイルの賜物」(巻二・五)なる成語がヘカタイオス(断片三〇一)に初出することを示せば足りるであろう。

イオニア地方の自然哲学と科学

こうしてヘロドトスは今は失われたイオニアの散文作家から、地理学的あるいは民族誌的な記事を少なからず取り込んでいると思われるが、一方、自然学者（初期哲学者）たちからは探究精神を受け継いだ。「まことに神々ははじめからすべてを死すべき者どもに示しはしなかった、人間は時とともに探究〔zetein ゼーテイン〕によってよりよきものを発見して行く」（クセノパネス、断片一八。藤沢令夫・内山勝利訳）、「知を愛し求める人たちは、まことにきわめて多くのものごとの探求者〔histor ヒストール〕であらねばならない」（ヘラクレイトス、断片三五。内山勝利訳）などの言葉で謳われているように、タレス（前六二四頃―五四六頃）に始まる哲学者たちは止み難い好奇心に促されて、自然現象の不思議や世界の成り立ちについての探究《ヒストリエー》に赴いた。タレスは水こそがあらゆるものの養分であるとの観察から、万物の元になるもの（arche アルケー）は水（hudor ヒュドール）だとし、その弟子アナクシマンドロス（前六一〇頃―五四〇頃）は無限なるもの・無限定なるもの（to apeiron ト・アペイロン）を、アナクシメネス（前五四六頃盛時）とディオゲネス（前五世紀）は空気（aer アーエール）を、ヒッパソス（前六世紀後半）とヘラクレイトス（前五〇〇頃盛時）は火（pur ピュール）を万物の元になるものだと考えた、とアリストテレスは伝える（『形而上学』九八三b）。

ヘロドトスはしかし、好奇心と探究精神では自然学者たちにいささかも引けをとらなかったけれど、その眼差しの向かうところは違っていた。彼は自然界の成り立ちを物質のレベルで探究する代わりに、人間の成した驚くべき事跡を尋ね、出来事の原因を探究したのである。ヘロドトスは探究ということを初めて過去に――歴史研究に――適用したのだが、これは人間を探究するという意味ではソクラテス（前四七〇―三九九）の営みにさも似ている。若い日のソクラテスは生成消滅・生物体の組成・思考や感覚のメカニズム・天空や地上の諸現象など、自然学的研究に熱中したが、やがてそれに飽き足らず、人間にとっての真・善・美の探求に転じたと伝えられるからである（プラトン『パイドン』九六A以下）。ちなみに、ソクラテスの対話の中で相手の主張を吟味・論駁することはエレンコス（elenchos）と呼ばれ、一種のテクニカル・タームのように扱われているが、この言葉を論証可能性の文脈で初めて用いたのはヘロドトス（巻二・二三他）で、この点でもヘロドトスとソクラテスの探究精神の相似が認められる。

科学の発達

自然学者たちはまたさまざまな方面で科学の業績を挙げたが、その幾つかをヘロドトスが記している。リュディアとメディアの戦いが六年目に入ったある日、突如昼が夜に変わったが、前五八五年五月二八日のこの日蝕をタレスが予言していたという（巻一・七四）。タレスはまた、ハリュス川の河勢を運河により二分して、クロイソスの軍隊を渡河させたとも言われるが（巻一・七五）、これはタレスがエジプトで測量術や土木技術を学んだことの成果と言えよう。

ヘロドトスには世界地図が出てくる。イオニア諸都市がペルシア帝国の桎梏を逃れるべく反乱を企てた時、ミレトスの独裁者アリスタゴラスは援軍を求めてスパルタへ赴く。そしてスパルタ王を説得するため、「全世界の地形と共に、海洋と河川のすべてが彫り込んである銅板」を見せながら、アジアにはどのような国々があり、金・銀・銅や穀物・家畜の資源がいかに豊富であるかを説明した(巻五・四九)。地図については「ミレトスのアナクシマンドロスが初めて人の住む世界を書板に描き、彼に次いでミレトスのヘカタイオスが、広く旅をして、それを正確なものに改良した」(ヘカタイオス、証言一二a)と伝えられるから、この折アリスタゴラスがスパルタ王に見せたのはヘカタイオス作成になる地図であったかもしれない。ヘロドトス自身、地図を見ながら執筆していると思われる個所は多々あり、ダレイオス大王が制定したペルシア領内二〇の納税区の構成民族を近くから遠くへと列挙する部分(巻三・九〇―九四)、スキュティアの大地を流れ黒海に注ぎ込む大河を西から東へ、イストロス(ドナウ)・テュラス(ドニエステル)・ヒュパニス(ブグ)・ボリュステネス(ドニエプル)等と説明していく所(巻四・四七以下)などは、とりわけその思いを強くする。そして何よりも、地図の存在はヘロドトスの旅への思いを掻き立て、旅を容易にもしたであろう。

「ヒポクラテス集成」

科学との関連で、医学思想がヘロドトスに及ぼした影響も考えておかねばならない。

バビロンには医師がおらず、病人は広場に運ばれ、同じ病気を患った経験のある者から治療法を教えてもらう(巻一・一九七)。非遊牧のリビア人は子供が四歳になると、羊毛の脂垢《あぶらあか》を艾《もぐさ》のようにして頭頂の血管を焼く。粘液(phlegma プレグマ)が頭から降下して体に害を及ぼすのを生涯にわたり防ぐためである(巻四・一八七)。このような風習を書きとめるヘロドトスは、眼の医者・頭の医者・歯の医者と専門分化しているエジプト医学の先進性を示唆する(巻二・八四)一方で、ギリシアでは最高の医師はクロトン人(イタリア半島南岸)、第二位はキュレネ人(北アフリカ)だと述べている(巻三・一三一)。しかし現実には、前五世紀半ばに最も活動的であったのは、イオニア地方の南方海上に浮かぶコス島と、その対岸の都市クニドスの医師たちであった。

西洋医学の祖、コスのヒポクラテス(前四六〇頃—三七五頃)の名を冠する「ヒポクラテス集成」には大小七十余の医学論文が集められ、ヒポクラテスの真作はごく僅か、多くは彼の後継者の手になるものだが、論文としての成立は新しくとも、ヒポクラテス以前からの経験知も蓄積されていると考えられる。コス学派の特徴は観察と経験を重んじる実証精神と、呪術や迷信とは無縁の理性に基づく考察で、用語や考え方でヘロドトスと似通うところがある。

上にリビア人の健康法で触れたプレグマは火焔を意味し、粘液の意味での初出はヘロドトスであるが、ヒポクラテスの女婿ポリュボスの筆になる『人間の本性について』では、これが血液(haima ハイマ)・黄胆汁(chole xanthe コレー・クサンテー)・黒胆汁(chole melaina コレー・メライナ)と共に健康を左右する四体液の一つとして理論化されている。

強い獣は仔が少なく、弱い動物ほど多産であるとする観察の中で、ヘロドトスは兎が妊娠中に重ねて仔を孕むのを epikuiskesthai エピキュイスケスタイという語で表している(巻三・一〇八)。「ヒポクラテス集成」中には『重複妊娠(epikuesis エピキュエーシス)について』なる論文があり、ヘロドトスは医学の専門用語にも通じていたのである。

ペルシアのカンビュセス大王の発狂の原因については、王がエジプトで聖牛アーピスを冒瀆した悪業の祟《たた》りだとする説と、王には生まれつき神聖な病(hire nousos ヒーレー・ヌーソス。癲癇《てんかん》)があったとする説とがあり、ヘロドトスはどちらとも決めかねている(巻三・三三)。この点ではヘロドトスはヒポクラテス学派より非科学的であった。「ヒポクラテス集成」中の論文『神聖な病について』は、癲癇の発作は神憑《かみがか》りのエクスタシー状態に一見似ているが、決して神の働きかけによるものでない、と明言しているからである。

同様に、スキュティア人男性に見られる「おとこおんな病」の原因についての説明も、ヘロドトスとヒポクラテスでは異なっている。ヘロドトスはこの病気に罹った者たちを Enarees エナレエスと呼び、それはシリアの町アスカロンでアプロディテ・ウラニア(天上のアプロディテ。シリアの女神デルケト)の神殿を荒らした少数のスキュティア人およびその子孫である、と記す。すなわち、病気の原因は女神の祟りだとするのである(巻一・一〇五)。これに対してヒポクラテスは、生殖能力を失い話しぶりも暮らしぶりも女性化した男を Anarieis アナリエイスと呼び、それが富裕層に限られるところから、原因を乗馬に結びつけて説明する。彼らは常に馬に跨るために関節炎(静脈瘤?)を起こし、治療のため左右の耳の後ろの血管を切るのだが、過って精液に関わる血管を切った場合に陰萎になるのだ、と(『空気、水、場所について』二二)。ヒポクラテスは「土地の人々は病気の原因を神に帰す」と述べているから、ヘロドトス流の原因説を知った上で、独自の解釈を提示しているのであろう。

ヘロドトスとヒポクラテス学派の影響関係についてはトマス(Rosalind Thomas)が興味深い指摘をしている。哲学と科学が興ったイオニア地方では、知識人たちがそれぞれの探究の成果を書物や口頭で盛んに発表したが、ヘロドトスが『歴史』のあちこちで記す論争的な主張も、自説の発表というパフォーマンスに他ならない。ヘロドトスの故郷ハリカルナッソスとヒポクラテス学派の拠点コス島は正に一衣帯水の地、早くからイオニア方言を共有していた。ヘロドトスがヒポクラテス学派の学説に学ぶばかりでなく、医師たちもまたヘロドトスの集めた民族誌のデータを利用したであろう、と。

トマスがとりわけ重視するのは、ヒポクラテス自身の作かとされる『空気、水、場所について』の環境決定論である。その説くところによると、アジアでは熱暑寒冷の激変がなく気候が平均しているため、人々の気質が温和で戦闘的でない(一六)。ヨーロッパでは季節が頻繁に変わるため、人々は猛々しく非社交的、激情的な性格となる。恒常性からは弛緩が、変化からは刻苦が生じるから。また、王に隷属せず自分で身を守らねばならぬから勇敢になる、と(二三)。

ヘロドトスはこのように図式的な二分法を信じるには余りにもアジアのこともヨーロッパのこともよく知っていたが、エジプト人が世界で二番目に健康であるのは気候変化のなき故である(巻二・七七)、とするところなどは、ヒポクラテス学派の影響であろうかと考えられている。そして、ヘロドトス自身もヒポクラテス学派とは違った仕方で風土と性格の相関を考えていたことは、「エジプト人はこの国独特の風土と他の河川と性格を異にする河〔ナイル〕とに相応じたかのごとく、ほとんどあらゆる点で他民族とは正反対の風俗習慣をもつようになった」(巻二・三五)、「柔らかい土地からは柔らかい人間が出るのが通例で、見事な作物と、戦争に強い男子とは、同じ土地から生ずるわけにはゆかぬ」(巻九・一二二)等の文章から了解されるのである。

アテナイ滞在と交友

『スーダ辞典』にはヘロドトスがアテナイを訪れたとは記していないが、「生いたち」(一四頁)でも触れたように、彼がアテナイに滞在したことは間違いない。前五世紀半ばのアテナイはペリクレス治下黄金時代を迎えて、国力はスパルタと拮抗するまでに揚がり、文化的にはイオニア地方やマグナ・グラエキア(南イタリア)に代わってギリシアの中心となっていた。ヘロドトスはここで数々の文化人に出会ったはずであるが、『歴史』からはそのことは一切窺えない。そこで状況証拠に基づいて、ヘロドトスが交遊したかと思われる人物を二人だけ挙げておきたい。

ソポクレス――妻の選択の物語

五十五歳翁ソポクレス、ヘロドトスがために歌を詠みたり。

この短詩《エピグラム》にいうソポクレスが『オイディプス王』の作者であることは、プルタルコス(『モラリア』

中の一篇「老人の政治参加」七八五B）が明言している。ソポクレスの生年は通説では前四九六／五年とされるから、歌を詠んだのは前四四一年となる。一方、ヘロドトスという名前はアテナイでは稀だがイオニア地方には珍しくなかったから、歌を献じられたのがわれらのヘロドトスであることを疑う説もある。しかし、次のような一致を見れば二人の親交は疑いえぬように思われる。

ソポクレス『アンティゴネ』は、オイディプスの子エテオクレスとポリュネイケスがテーバイの王位をめぐって兄弟争いを演じ、相討ちに果てた後の、その妹アンティゴネの悲劇を描いたものである。テーバイを守って討死したエテオクレスは手厚く葬られる一方、ポリュネイケスは祖国に弓を引いた逆賊としてその屍《しかばね》は鳥獣の餌食とされ、埋葬は死をもって禁じられた。アンティゴネはしかし、肉親を葬るのは万古不易の神の掟であるとして、兄の死体に埋葬の礼を施す。ところが、新しく王位に即いた叔父のクレオンに捕らえられ牢獄に曳かれ行くに及んでこんな嘆きを発するのである。

でも、お兄様を尊重したのも当然だと、賢い人なら分かってくれます。だって、たとえ私《わたくし》が子を持つ母であったとしても、また仮に、夫が死んで朽ち果てていったとしても、町の人たちに逆らってまで、こんな難業は選ばなかったはず。それなら、どんな掟のためにこんなことを言うのでしょう。夫ならば、たとえ死んでも別の夫が得られましょう。子供にしても、よし失ったとて、別の男から産めましょう。しかし、父も母も冥府《ハーデース》にお隠れになった今となっては、兄弟が生まれてくることは決してありません。このような掟から、ああ、兄上、あなたを誰よりも大事にしたのに、クレオン

には、それが罪であり、大それた所業だと思われたのです。（『アンティゴネ』九〇四―九一五）

未だ結婚をせず子もないアンティゴネが、「子供や夫のためならこんな難業はしなかったはず」と言うのは奇妙だし、劇の前半では自らの行為に胸を張っていたアンティゴネがここに来て愁嘆場を演じるのはおかしいとして、この個所は古来物議を醸してきた。ゲーテなどは、「ヒロインは劇の進行の中で、己れの行為のこの上ない崇高な理由を語り、至純の気高い魂を披瀝するのに、いよいよ死へと赴く時になると、まったくどうしようもない、喜劇すれすれの動機を持ち出す。優秀な文献学者がこの個所を後世の挿入で真正でないことを証明してくれたなら、私はいくらでも褒美を出したいくらいだ」とまで語っている（エッカーマン『ゲーテとの対話』第三部、一八二七年三月二八日）。

しかし、アンティゴネの台詞をヘロドトス『歴史』中の挿話と比べてみれば、たちまち事情が明らかになる。それはペルシア帝国におけるある貴族の滅亡の物語である。

カンビュセス王が遠征地エジプトで精神錯乱に陥っている間に、本国でマゴス僧（メディアとペルシアで重きをなした神官階級）が謀叛を企て、弟を贋の王として即位させた。カンビュセスが帰国途中に世を去り、贋王の統治は七カ月に及んだが、やがて七人の貴族が陰謀を暴《あば》き簒奪者を誅殺する。七貴族の中から選ばれてダレイオスが王座に即いて間もなく、もう一人の貴族インタプレネスが謀叛の廉《かど》で捕らえられ、一族の男子がことごとく獄舎に繋がれた。インタプレネスの妻が毎日のように王宮の門前へ行き嘆いていると、ついにダレイオスも心を動かされ、誰よりも救いたいと思う者一人だけを助けてやろう、と言う。妻が皆の中から兄弟の助命を願い出ると、訝《いぶか》しく思ったダレイオスはその理由を尋ねた。すると、女はこう答える。

王様に申し上げますが、神様の思し召しがあれば、私は別の夫をもつこともできましょう。また今の子供たちを失っても、ほかの子供を設けることもありましょう。しかし父も母も既にこの世にない今となっては、もうひとり兄弟をもつことはどうにもできぬことでございますもの。このように考えまして、先程のように申しました。

この答えに感心したダレイオスは、女が願った兄弟の他に長男をも釈放して、他はことごとく死刑に処した(巻三・一一八―一一九)。

女性にとって兄弟よりも子供の方が血縁が濃く、愛情の絆では兄弟より夫の方が強いとするのが常識のように思えるが、インタプレネスの妻とアンティゴネと、振りかざす理屈の相似は明らかである。そして、ソポクレス『アンティゴネ』の上演は前四四一年頃、ヘロドトス『歴史』の最終的な成立は前四三〇年以後に違いないとしても、ソポクレスがヘロドトスを真似たという想定では学者の意見は一致している。インタプレネスの妻には夫・子供・兄弟が揃っているのに対して、夫も子もないアンティゴネが兄弟第一の理《ことわり》を述べるのは不自然だからである。そこで、ヘロドトスは後に『歴史』に書きこむことになるこの話を、日常の談話の中でソポクレスに語ったのではないかと考えられるのである。

もう一つ、前四〇一年に死後上演されたソポクレス『コロノスのオイディプス』(三三七以下)には、オイディプスが二人の息子を指して、「まことあの二人は、心根も生き方もエジプトの流儀にそっくりではないか。彼の地では男は家で坐って機《はた》を織り、女房どもが外に出て、日々暮らしの糧を稼ぐのだ」と罵《ののし》るところがあるが、これもソポクレスが『歴史』(巻二・三五)を利用したことは間違いない。そこでは、エジプト人の習慣が万事につけて他民族と正反対だとして、女が市場に出て商いをするのに男は家で機を織る、機を織るのに他国では緯《よこいと》を下から上へ押し上げるのにエジプトでは逆にする、荷物は男は頭に載せ女は肩に担う、小便は女は立って男はしゃがんでする、などの例が挙げられているからである。この場合、ソポクレスは本となった『歴史』を読んだのであろうが、口頭にせよ本かにせよ、ソポクレスはヘロドトスが伝える話柄には大いに好感を懐いていたのだと考えられる。

余談になるが、インタプレネスの妻の選択の類話はインドにもある。釈迦の前生譚『ジャータカ』六七「ひざ前生物語」の前段。昔コーサラ国に盗賊が現れ、略奪をほしいままにして逃げ去った。人々はこれを捕らえることができず、代わりに森の入口で耕作に従事していた三人の男を盗賊として縛り上げ、国王の前に引き立てる。ひとりの女が現れ、泣きながら何度も王宮を巡って、三人の男は夫と兄弟と息子だと言う。「一人だけ命を助けてやるが誰を望むか」と王が問うたところ、女はインタプレネスの妻とまったく同じ返答をするのである。細部に至るまでこれほどよく似た幾つもの話が独立発生したとは考えにくく、説話学者トーニー(C. H. Tawney)はギリシア起源、インド学者ピッシェル(R. Pischel)はインド起源、イラン学者ネルデケ(Th. Nöldeke)はペルシア起源を唱え、私もこの問題について考え、類想の話が豊富にあるギリシアを示唆したことがあるが、『インド文学史』のヴィンテルニッツ(M. Winternitz)のごとく、「このアネクドートの発祥の地は定めがたい」とするのが妥当なところかもしれない。

プロタゴラスとの関係

前五世紀半ばのアテナイの人口は三〇万とも五〇万とも推測されるが、ここには女性と子供、在留外国人と奴隷も含まれていて、参政権のある成人男性市民は三万人ほどであった(巻五・九七、アリストパネス『女の議会』一一三二等を参照)。直接民主政が確立し、すべての市民が言論の自由を保障される代わりに政治に参加する能力を要請される、このような時代にギリシア各地から活躍の場を求めてアテナイにやって来て、もろもろの新知識、とりわけ議会や法廷で弁ずるための弁論術を教えることを職業としたのがソフィスト——知の教師であった。シチリア島のレオンティノイから来たゴルギアス、エリス地方のヒッピアス、ケオス島のプロディコスなどが有名であるが、とりわけ大物と目されるのがアブデラのプロタゴラス(前四九四/四八八—四二四/四一八)である。ギリシア人が南イタリアに建設した植民地トゥリオイ市のためにプロタゴラスは憲法を制定したとされるし(ディオゲネス・ラエルティオス『ギリシア哲学者列伝』九・五〇)、ヘロドトスもこの植民事業に加わったから、一〇歳ほど年の違う二人が相識であった可能性は高い。そこで、二人の思想上の繋がりについて二つの点から検討してみたい。

プロメテウスの贈物

プラトンの初期対話篇『プロタゴラス』では、ポリスの一員として具えているべき徳は、建築術や造船術と同じように教えることができるかどうか、が議論される。当代きっての言論人として令名高いプロタゴラスがアテナイにやって来たというので青年たちは騒ぎたて、その止宿先へソクラテスを連れて行く。ソクラテスの問いかけに対して二〇歳ほど年長のプロタゴラスは、徳は教えられるとの自説を展開するにあたり、まず次のような寓話《ミュートス》を語る。

昔、神々が土と火といろいろなものを混ぜ合わせて生き物を作った時、エピメテウス(後知恵男)はどの種族も消滅することのないよう、それぞれにふさわしい能力を分け与えた。ある種族には大きさを、小さい種族には早さや飛ぶ翼や身を守る武器を与え、寒暑への備えとして毛皮を纏わせた。草を食うもの、果実を食うもの、根を食うものの区別を定め、他の動物を食う種族には少ししか仔を産むことを許さぬ一方、他種族の餌食となるものは多産にした。こうしてエピメテウスはすべての能力を配り終わったが、人間には何ひとつ与えるものが残っていなかった。そこへ兄のプロメテウス(先知恵男)が検分にやって来て、困ったあげく、ヘパイストス神の許から火を、アテナ女神の所からはその他の技術を盗み出して人間に与えた……(『プロタゴラス』三二〇D—三二一E)。

捕食者は仔が少なく被食者は多産だ、というのは世界最古の生態学的発言かもしれないが、プロタゴラスから学んだにせよ自らの観察に基づくにせよ、ヘロドトスもこの事実を知っていた(一〇九頁参照)。ヘロドトスはまた、生き物が種族ごとに特色ある能力をもつ理を人間界に移して、「人間の身としてすべてを具足することはできぬことでございます。国にいたしましても、必要とするすべてが足りているようなところは一国たりともございませぬ」(巻一・三二)と賢人ソロンに言わせている。

政体論議

話はインタプレネスの妻の選択の挿話の前に戻るが、ペルシアの七貴族は簒奪者を誅殺した後、ダレイオスが選ばれて帝位に登るに先だって、あるべき政体について議論した。まずオタネスの言うには、独裁者は驕慢と嫉妬から悪徳非道の限りを尽くすから、万民同権《イソノミアー》の民主政を採用すべきであるという。これに対してメガビュゾスは、独裁政を廃することには賛成だが、民衆が主権を握ると衆愚政治に陥るから、優れた一群の人たちによる寡頭政がよいと主張した。最後にダレイオスは、民主政のもとでは悪のはびこることが避けがたいし、寡頭政は首位争いから内紛を惹き起こす。民主政・寡頭政・独裁政のそれぞれ最善の姿を想定すれば、最も優れたただ一人《いちにん》による統治が抽《ぬき》んでてよいのは明らかだ、と述べたというのである(巻三・八〇以下)。

帝王の国ペルシアでこのような議論が行われるはずはない、と批判する読者に弁明するかのように、ヘロドトスは別の個所(巻六・四三)においても、ペルシア海軍総督マルドニオスがイオニア地方から独裁者を一掃して各都市に民主政を敷かせた、と特記している。ペルシア人は民主政を知っていたばかりか、それをイオニア諸都市に授けた、というのである。
この政体論議の由来についてはさまざまな意見が出されているが、一方に、オリエントにはこのような議論が行われる素地があったとする説がある。サムエルは年老いて息子たちをイスラエルの裁きつかさとしたが、息子たちは利得を求め賄賂を取って裁きを曲げた。そこで民はサムエルの許に来て「われらを裁く王を与えよ」と求めたが、サムエルは王を持つとどうなるか、民に警告して言った。

あなたがたを治める王の権能はこうである。彼はあなたがたの息子をとり、自分のために戦車や馬に乗せ、自分の戦車の前を走らせる。彼らを千人隊の長、五十人隊の長として、自分の耕地を耕させ、刈り入れの労働に従事させ、武器や戦車の部品を造らせる。あなたがたの娘をとり、香料作り、料理女、パン焼き女にする。……こうして、あなたがたは彼の奴隷となる。そのときになって、あなたがたは、自分たちが選んだ王のゆえに泣き叫ぶであろう。しかし、その日には、ヤハウェはあなたがたに答えてくださらない。

（『旧約聖書』『サムエル記　上』八・一〇―一八。池田裕訳）

このような例をもとに、あるいはオリエントの神話や物語のギリシアへの影響が近年ますます強調されることを背景に、政体論議の挿話もペルシア起源だとする立場が一方にある。他方、ギリシア起源説の方が優勢であるが、そこでは三様の解釈が区別できる。
まず、三つの政体は古来ギリシア人に親しい話題で、ヘロドトスはそれをクーデター後の危機的なペルシアの状況において語った、とするもの。ピンダロス（前五一八頃―四三八頃）の『ピュティア祝勝歌集』二・八六―八八「どの政体でも率直な者が頭角を現わす――僭主のもとでも、また騒々しい大衆が、また賢者たちが、町の守護者であるときでも」（内田次信訳）が一つの論拠となる。

　次に、議論の中で指摘される各政体の否定的側面が『歴史』のあちこちで例示されているところから、三つの政体の長所短所を熟知しているヘロドトスがこの場面を創作した、とするもの。衆愚政治の例は、イオニアの反乱の首謀者アリスタゴラスがペルシア遠征の援軍を募る行脚の中で、いくら希望を語ってもスパルタ王を動かすことができなかったのにアテナイ民会は易々と説得できた、というところに見ることができる。「アリスタゴラスがスパルタのクレオメネスひとりをだますことができなかったのに、三万のアテナイ人を相手にしてそれに成功したことを思えば、一人を欺くよりも多数の人間をだます方が容易であるとみえる」（巻五・九七）、ヘロドトスの筆は辛辣である。

　独裁者の暴虐なふるまいともなれば、身重の妻を蹴り殺し、その死体を姦し、その墓に供えるためにコリントスじゅうの女性の衣裳を剝ぎ取ったペリアンドロス（巻三・五〇、巻五・九二）、嫉妬から弟を殺し、そのことを諷諫した妻――しかも、これは法を曲げてまで妃に納れた実の妹であった――を流産で死なせたカンビュセス王（巻三・三〇―三二）、弟マシステスの妻、次いでその娘にも横恋慕して、妃アメストリスの残虐な報復を引き出し、マシステスをも死に至らしめたクセルクセス王（巻九・一〇八―一一三）等、その例は枚挙に遑《いとま》がない。私はこの第二の説に傾き、ペルシアでも民主政を唱える何らかの人物と機会があり、ヘロドトスはその話を核にしつつ、ギリシア的なディベートの場面を創作したのではないか、と考えている。

ところが、最も多くの研究者が拠る第三の説は、政体論議の条《くだり》はプロタゴラスの思想をもとにして作られた、という。確かに、動物の仔の多寡をめぐる生態学的観察はヘロドトスとプロタゴラスに共通していたし、「神々については、存在するともしないとも、またいかなる姿形をしたものであるのかも、わたしは知りえない。それを知るのには妨げとなることが多い——事柄が不明瞭であるうえに、人間の生命は短い——からである」(諸資料から復元された断片四。内山勝利訳)という言明に見られるプロタゴラスの不可知論は、ヘロドトスの「私はしかし、祭司たちから聞いた物語のうちで神(宗教)に関する事柄は、単に神々の名を挙げる以上には詳しく述べるつもりはない。このような事柄についての人間の知識というものは、どこへいっても同じ程度のものでしかないと考えるからである」(巻二・三)という立場に影響を与えたと指摘されているから、政体論議についても影響の可能性を排除することはできない。しかしそれにしては、僅かに残されたプロタゴラスの断片には、政体論議との関連を思わせる発言は見出せないのである。プロタゴラスは、どんな事柄についてであれ相反する二つの議論が成り立つ、と初めて主張し、『反対論法(Antilogiai アンティロギアイ)』を書いたと伝えられる(ディオゲネス・ラエルティオス『ギリシア哲学者列伝』九・五一および五五)が、ヘロドトスが『反対論法』に学んで政体論議を作ったとするのは、余りにも漠とした推測でしかない。ヘロドトスが年長の大知識人と親交を結んだのは間違いないとしても、個々の話について影響関係を確定する手だてはないとすべきであろう。

生まれ故郷の雑種文化、ホメロスの叙事詩、イオニア地方の散文作家、そこで発達した自然哲学や科学、アテナイにおける知識人との交遊——ヘロドトスの精神形成に与《あずか》ったと考えられる諸要素を眺めるうちに、私にはヘロドトスの人物像が浮かび上がってくるように思われる。その人は利発な子供のように質問好きで好奇心旺盛、無類のお話好きで天成の聞き上手、信じやすく、偏見と差別意識は少ない。広い理解力と並はずれた記憶力に恵まれ、抽象的な議論より具体的な物に即して考えることを好む。信心深くはないが信仰をもつ人に敬意を払う、大いなる常識人ではなかったろうか、と。『歴史』からは家族のこと、妻子があったのかどうかということは窺えない。ヘロドトスの旅については章を改めて語ることにしたい。

第二章　方法、旅と口碑蒐集

方法としての旅

右の書記以外の者からは誰からも何一つ知識を得ることはできなかった。しかし私がそれとは別にできうる限りの広範囲にわたって調査し、エレパンティネの町までは自ら出向いて実地を見、それより以遠は伝聞によって知り得たところは次のようである。（巻二・二九）

エレパンティネはナイルの第一瀑布の下流、現代のアスワンに近く、エジプト最南端の町であったが、ヘロドトスは、ナイル河が他の河川とは逆に夏に水嵩《みずかさ》を増し冬に減水する原因について頭を悩ませ、その水源を究めるためにここまで調査旅行に出かけたのである。

私はこの件に関して正確な知識を与えてくれる人に会いたいと思い、海路フェニキアのテュロスまで渡ったことがある。ここにヘラクレスの神殿があると聞いたからである。（巻二・四四）

フェニキアのテュロスはレバノン南部の都市遺跡ティルスとして、ユネスコの世界遺産に登録されていることで知られる。テュロスのヘラクレスと呼ばれる神はフェニキアのメルカルト（都市の王）であり、「旧約聖書」にいうカナン（パレスチナ）のバアル（天候神・豊饒神）である。ところで、ヘロドトスはヘラクレスは二人いたと考えていた。一人はギリシア神話中最大の英雄（半神）で、スキュティアやリュディアやスパルタの王家の祖とされ、『歴史』では前一三五〇年頃に位置づけられている。もう一人は、エジプト最初の八神に次いで現れた十二神の一人で、アマシス（第二六王朝最後の王アハメス。在位前五七〇―五二六）より一万七〇〇〇年前の神である（巻二・四四および一四五）。このヘラクレスに纏《まつ》わる複雑な事情を確かめようとして、ヘロドトスは海路テュロスに渡ったのである。

『歴史』を一読すれば明らかなように、ヘロドトスは先輩作家から資料を仰ぐところがあるとはいえ、大部分の記述は自らの調査旅行の見聞を素材にして行っている。そしてこの二つの引用だけを見ると、ヘロドトスは何か疑問が生じるとただちに調査旅行に飛び出したかのように見えるが、古代にそのような旅が可能だったのであろうか。

エジプトではナイル河の溯行を可能にする北風に恵まれ、早くから水運が開けた。ピラミッドなどの巨大な石造記念物の建造は前二七〇〇年頃に始まるが、それを目当てにしたツーリズムが前一五〇〇年頃には興って、団体旅行や家苞《いえづと》、記念の落書などがあったことも知られている。ギリシアでは、前七七六年以来四年に一度オリュンピア競技祭が開かれ、大勢の旅人が西南辺境の地オリュンピアを目指した。ただし、選手や役人以外の一般見物客は野宿したものと考えられる。また、ギリシア人は前八世紀末から活発に植民活動を行い、前一一〇〇年頃よりフェニキア人が独占してきた地中海貿易の主役の座を奪って、盛んに海上を往来した。太古より開けたドドナやデルポイなど神託所への参詣の旅、あるいはエピダウロスのアスクレピオス神殿などに治癒を求めて夜籠もりに赴く旅もあった。他方、ペルシア帝国の版図であるアジアでは、王都スーサとリュディア地方の都サルディスとの間四五〇〇パラサンゲス(約二四〇〇キロメートル)を一一一の宿駅で結ぶ「王道」が整備され、「街道上いたるところに、王室公認の宿場と大層立派な宿泊所があり、街道の通じている全距離にわたって、人家があり安全」であった(巻五・五二)。ただし、宿泊と安全が保証されている王道のようなものは、むしろ例外とすべきであろう。

このような時代に、ヘロドトスの旅は驚くべき広範に及んでいる。東はアッシリアの古都バビロンを訪れ、城壁や運河を観察しているが(巻一・一七八以下)、それよりさらに東行してスーサに至った、とする説もある。南は先に引用したように、ナイル河流域ではエジプト南端の町エレパンティネまで足を延ばし、彼方のエチオピアの情報を収集したし、アフリカ北岸では、ギリシアの植民地キュレネで住民の話を聞いている(巻二・三二)。西方では、南伊トゥリオイへの植民団に加わったと『スーダ辞典』が伝えるが、確かに彼はその近くのシュバリス人とクロトン人に取材している（巻五・四四）。北は黒海北岸、ヒュパニス河（ブグ河）河口の通商地オルビアに滞在して、その北に広がるスキュティアの国土と風習について聞き取り調査を行うばかりでなく、そのスキュティア人が七人の通訳・七つの言語を重ねて達するほどの地域や民族についての風聞も集めた（巻四・一六以下）。

ヘロドトスの旅は決して未踏の地を行くものではなく、ギリシアの植民地、あるいはギリシア人の居住地を拠点にして行うものであったが、だからといって大旅行家としての彼の名が曇ることはあるまい。旅の資金については藤縄謙三《ふじなわけんぞう》が興味深い考えを述べている。ヘロドトスは名家に属し政治亡命を余儀なくされたので、国を出るにあたり不動産を金に換え、安全な国の信用ある人物や神社に預け、小出しにしながら旅をした。自作の『歴史』の一部を朗読して報酬を得ることもあったであろうし、外国旅行の場合には船路を行くことが多かったから、貿易活動に従事したかもしれない、と。

タウマを求めて

ヘロドトスは『歴史』を書くために、あるいは探究《ヒストリエー》のために旅をしたが、より根源的には、それはタウマ（thauma. イオニア方言で thōma トーマ。驚異）を求める旅であった。とりわけヘロドトスを驚かせたのはエジプトの歴史の古さと建造物の巨大さであった。

私は自分の眼でこの迷宮を見たが、それは誠に言語に絶するものという他はない。ギリシア人の手に成る城壁やさまざまな建造物をことごとく集めても、この迷宮に比べれば、それに要した労力といい費用といい、とても及ばぬことは明らかである。……もちろんピラミッドもその規模は筆舌に尽し難いもので、その一つ一つが、ギリシアの巨大な建造物を多数合せたものに匹敵するものであったが、迷宮はそのピラミッドをも凌駕するのである。

（巻二・一四八）

このような迷宮よりもさらに大きい驚異であるのは、「モイリス湖」と呼ばれる湖であるが、迷宮はこの湖の附近に建てられているのである。この湖の周囲は三六〇〇スタディオン、スコイノス〔二万メートル強〕に直せば六〇スコイノスで、エジプトの海岸線と同じ長さである……。

（巻二・一四九）

しかし、ヘロドトスを驚かせたのは巨大建造物ばかりではない。彼は自然景観・制度・風習・口碑・人間の行為などありとあらゆるものに驚きを見出す名人であり、またそれを実に楽しげに報告する。今思いつくままにその幾つかを紹介すると――

エジプトの金持ちが催す宴会では、食事が終わり酒宴に移ろうとする時、一人の男が人間の死骸そっくりな木像を棺に入れて持ち廻り、会食者に示しながら、「これを見ながらせいぜい楽しく酒をお過し下さい。あなたも亡くなられたら、このような姿になられるのですからな」と言うのだ、と（巻二・七八）。ペトロニウス『サテュリコン』のいわゆる「トリマルキオンの饗宴」（三四）の場でも、奴隷が自在に動く銀製の骸骨を持って来ると、トリマルキオンが「ああ、わしらはなんと哀れな奴か。人はみな空《くう》の空《くう》。死神オルクスがわしらをさらっていくと、みなこうなるのさ。されば、元気なうちに楽しもうではないか」(国原吉之助訳)と吟じたし、下ってはシェイクスピア『ヘンリー四世(第一部)』(第三幕第三場)にも「今流行《はやり》の髑髏の彫物と同じだ、誰も彼もそれを指輪に彫り込んで、それを見る度に死を忘れない様にと心掛けてゐるだらう」(福田恆存《つねあり》訳)という台詞が見える。memento mori(メメントー・モリー。死を忘るなかれ)が成句となるのは中世以後とされるが、その精神をヘロドトスは遥か昔に記録しているわけである。

「名士の夫人が死亡した時は、すぐにはミイラ調製には出さない。特に美貌の女性や著名な婦人の場合も同様である。……このようなことをするのは、ミイラ職人がこれらの女性を犯すのを防ぐためで、現にある職人が死亡したばかりの女性の遺体を犯している現場を、同業者の密告によっておさえられたという話がある」(巻二・八九)。ヘロドトスはコリントスの僭主ペリアンドロスについてもネクロフィリア(屍姦)のことを語っているが(巻五・九二)、これはギリシア語文献では極めて稀にしか記録されぬ話柄なのである。

エジプト王ペロスは異常な氾濫を起こしたナイル河を懲らしめようと槍を投げこんだが、たちまち神罰により失明した。一一年後、夫以外の男を知らぬ女の尿で眼を洗えば明をとり戻すであろう、という神託を受け、妃をはじめ多くの女について試みたが、一向に快くならぬ。王は最後に視力を回復してくれた女を妃に入れ、他はことごとく焼き殺した、と(巻二・一一一)。まるで『アラビアン・ナイト』のような話をヘロドトスは逃さない。

アリオンは世に並びなき竪琴と歌の名手であったが、イタリアに演奏旅行して大金を稼ぎ、船を雇ってパトロン、ペリアンドロスのいるコリントスへ帰ろうとした。ところが海上、船乗りがたちまち海賊に変じ、アリオンの金ばかりか命までを奪おうとした。アリオンは今生の別れに一曲歌わせて欲しいと頼み、演奏用の正装に身を包むと後甲板に立って一わたり歌い、歌い終わるや海中に身を投じた。すると一頭の海豚《いるか》が彼を背に受け、タイナロン岬まで運ぶと、アリオンはそこからコリントスに歩いて戻った。一方、コリントスに帰港した船乗りたちはペリアンドロスに呼び出されるが、そこへ海に跳びこんだままの姿のアリオンが現れ、彼らの悪事を顕した。これは海豚の姿をした合唱隊《コロス》による歌舞の創始に纏わる縁起譚が変型したものかもしれないが、ヘロドトスはこれを世にも珍しい事件《タウマ》と呼んでいる(巻一・二三)。

ヘパイストス(メンピス市の主神プター)の司祭からエジプト王位に登ったセトスは武士階級を軽んじたため、アッシリア王サナカリボスが大軍を率いて来攻した時(前七〇一年)、孤立無援となったが、神に祈ったところ、野鼠の大群が夜のうちに敵軍の箙《えびら》・弓・盾の把手を齧り潰し、セトス王を援けた、と(巻二・一四一)。これはアッシリア王センナケリブがユダ王国のエルサレムを攻めた時の記事(『列王記 下』一九・三五、『イザヤ書』三七・三六、『歴代誌 下』三二・二一)に対応するが、「旧約聖書」では鼠ではなくヤハウェの使いが敵を撃ち殺したという。玄奘《げんじょう》『大唐西域記《だいとうさいいきき》』巻第一二、瞿薩旦那《クサタナ》国(現ホータン)の条が伝える話はヘロドトスに近く、数十万の匈奴《きょうど》軍が襲来、瞿薩旦那王が恐れ戦《おのの》き鼠に祈願したところ、大きな鼠が夢に現れ援助を約束したという。

ヘロドトスはまた驚くべき人間の行為をも記録にとどめる。ペルシア大王への服従のシンボルとして土と水を献じることを求めて、ダレイオスがギリシア各地に使者を派遣した時、多くの都市や民族が献じるのを余所《よそ》に、スパルタ人は使者を井戸に突き落とし、そこから土と水を持ち帰るがよい、と言った。この外国使節の殺害はしかし重大な罪であり、以後スパルタには凶事が続いたため、ペルシア大王の許に赴き、死をもってその罪の償いをしようという者を民会が募ったところ、スペルティアスとブリスという二人の若者が名乗り出た。二人はスーサに上り大王に謁見したが、護衛兵から大王への跪拝を命ぜられても頑として拒んだ。ヘロドトスは二人の勇気と言行を驚嘆《タウマ》に値するものと特記している(巻七・一三五)。スパルタ人に捕らえられ、足枷《あしかせ》をかけられて死を待つばかりの男が、秘かに手に入れた刃物で我が足の甲を切り落とし、枷から抜け出して脱走したことも、ヘロドトスには言語に絶する離れ業《エルゴン》であった(巻九・三七)。

オプシスとアコエー

驚異を求め研究調査の旅を重ねるヘロドトスは、資料蒐集にあたっての明確な原則をもっていた。それは自分の目で見ること(opsis オプシス)を第一とし、それが叶わぬ場合には聞くこと(akoe アコエー)で補うという方法であった。「百聞は一見に如かず」のような考えは早くホメロスの詩神《ムーサ》への呼びかけ、「オリュンポスに住まい給うムーサらよ、今こそわたくしに語り給え――御身らは神にましまし、事あるごとにその場にあって、なにごともすべて御承知であるのに、われらはただ伝え聞くのみで、なにごとも弁えぬものなれば」(『イリアス』二・四八四以下。松平千秋訳)に見えるが、ヘラクレイトスも「見えるもの《オプシス》、聞こえるもの《アコエー》、認知しうるもの《マテーシス》――その限りのものを私は優先させる」(断片五五。内山勝利訳)と感覚で把えることの重要性を押さえた上で、「われわれには、すべてを聴き知ったりそれらと関わりを持ったりするための、言わば器官のようなものが、本性的に二つ備わっている。視覚《ホラーシス》と聴覚《アコエー》がそれであるが、ヘラクレイトスによれば、断然信頼するに値するのは視覚のほうである。すなわち「目は耳よりも正確な証言者である」(断片一〇一a。内山勝利訳)と、見ることの優位を説いている。

ヘロドトスは自分の方法について自覚的に語ることが多いが、四七頁に引いた文章、「エレパンテイネの町までは自ら出向いて実地を見、それより以遠は伝聞《アコエー》によって知り得た」が正に見ることと聞くことの序列を示している。遥か遠隔の地と同様、過ぎ去った昔も見ることができないが、エジプトの国土・風習・宗教について長々と説明した後、エジプトの歴史に転じるにあたりヘロドトスはこう述べる。

> これまでは私が自分の眼で見たこと《オプシス》、私の見解《グノーメー》および私の調査《ヒストリエー》したところを述べてきたのであるが、これからはエジプト人の話してくれたことを、私の聞いた《(アコエー)》とおりに記してゆくことにしよう。しかし私の実見《オプシス》したこともいくらかは、それに添えて述べるはずである。
>
> (巻二・九九)

グノーメーとタ・レゴメナ

ここに「私の見解」とあるのはヘロドトスの方法を示す第三のキー・ワード、gnome（グノーメー。意見、判断）である。歴史家ならば当然と言えばそれまでであるが、ヘロドトスは見たこと・聞いたことをただ記すのではなく、判断を加える。たとえば、クロイソスのリュディア王国を滅ぼしてアジアの覇者となったキュロスについて、その出生からメディアを倒しアケメネス朝ペルシアを興すまでを記述するところでは、「キュロスについては、ほかに三通りもの伝承があり、私はそれを述べることもできるのであるが、……キュロスの事蹟を誇大に美化しようとはせず、ありのままの真実を伝えようとするものの説に従って、記述してゆくつもりである」（巻一・九五）として、すでに異伝には触れぬ判断を行っている。ヘロドトスの判断の例をもう二つ挙げておこう。

名高いテルモピュライの戦いの記述に先だって、ヘロドトスは改めて両軍の勢力を数えてみせる。クセルクセス大王がアジアから率いて来た陸海軍にヨーロッパで徴用した陸海軍を併せると総兵力は二六四万余（巻七・一八五）、対して迎え撃つギリシア軍は四二〇〇人であったが（巻七・二〇二）、最後まで踏み止まったのはスパルタ人三〇〇と七〇〇のテスピアイ人のみであった。ペルシア陸軍はギリシア軍の戦術の前に夥しい戦死者を出すばかりで攻めあぐねていたが、やがてエピアルテスなる者がペルシア軍の背後に回る間道を敵に教えるに及び、ギリシア軍は全滅する。これについて、ペルシア大王に迂回路を教えたのはオネテスとコリュダッロスの二人であるとの異説を紹介しつつ、ヘロドトスは信じ難いと断言する。エピアルテスが裏切りへの報復を恐れて逃亡したこと、二人ではなくエピアルテスの首に賞金が賭けられたことを確かめた上で、ヘロドトスはそう判断するのである(巻七・二一四)。

前四八〇年、クセルクセス王の陸上部隊は無人のアテナイを占領、アクロポリスに火を放ったものの、海軍がサラミスの海戦で壊滅的な敗北を喫したため、クセルクセスは陸路をとって退却、僅か四五日でヘレスポントス(現ダーダネルス、チャナッカレ)海峡の渡洋地点に到達した(巻八・一一五)。別の説によると、クセルクセスは退却の途中で陸路を捨て、フェニキア船に乗って帰国を目指した。ところが激しい嵐に襲われて船が沈みそうになり、怖れた王が船長に問うたところ、乗客を始末せぬ限り助からぬという。王の身を案じて犠牲になる者はないか、とクセルクセスが呼びかけたところ、ペルシア人たちが海に飛び込み、軽くなった船は無事アジアに帰り着いた。上陸したクセルクセスは、王の命を救った功により船長に黄金の冠を与えたが、多数のペルシア人を死なせた罪があるとして、その首を刎《は》ねた、という。しかし、この異説は信じられぬ、とヘロドトスは言う。船の乗員を減らす必要があったのなら、大切なペルシア人は助けてフェニキア人の漕手たちを海に投じたはずだ、と考えるのである(巻八・一一九)。

しかしまた、ヘロドトスは自ら判断せず、読者に判断を委ねる場合も多い。ランプシニトス王が冥界に下り、デメテル(豊穣神イシス)と骰子《さい》を争った後、土産を貰って地上へ戻ったという話に関して、ヘロドトスはこう記す。

このようなエジプト人の話は、そのようなことが信じられる人はそのまま受け入れればよかろう。本書を通じて私のとっている建前は、それぞれの人の語るところを私の聞いたままに記すことにあるのである。

（巻二・一二三）

別の個所でもヘロドトスは同じ態度を表明している。ギリシアの諸ポリスが対ペルシア同盟を結成して、アルゴスにも参加を呼びかけた時、アルゴスは同盟軍の半分の統帥権を与えるなら参加しよう、とうてい認められぬ条件を持ち出す。アルゴスがギリシア側に立って戦いたくなかったのは、戦争に敗れて疲弊の極みにあったからかもしれないし、ギリシアを裏切ってペルシアと友好関係を結んでいたためだ、とする説もあった。ヘロドトスはその辺りの真偽は審《つまび》らかにしないとしつつ、

私の義務とするところは、伝えられているままを伝えることにあるが、それを全面的に信ずる義務が私にあるわけではない。私のこの主張は本書の全巻にわたって適用さるべきものである。

（巻七・一五二）

と述べている。「伝えられていることを伝える」(legein ta legomena レゲイン・タ・レゴメナ)はヘロドトスの方法に関わる第四のキー・ワードで、実例は枚挙に遑《いとま》がない。「私には信じ難いが、次のような話

も伝わっている」(巻三・三)。「右は諸伝の内もっともらしい方の説を述べたものであるが、あまりもっともらしくない説の方も、世に行われているからには述べておかねばなるまい」(巻三・九)。「ポリュクラテスの死を呼んだ原因については、以上のような二つの説が伝えられているが、人はそのいずれでも自分の好む方の説を信ずればよかろう」(巻三・一二二)。スキュティアの彼方について、「当の禿頭族のいうところでは——私には信じ難いことであるが——山中には山羊脚の人間が住んでいるということであり、山を越えたところには、一年のうち六カ月間を眠って過す別の人種が住んでいるという。私はしかし、そのような話は全く信じない」(巻四・二五)。フェニキア人の船団は紅海から出発してインド洋に出、リビア(アフリカ大陸)沿岸を周航して、ジブラルタル海峡から地中海に入りエジプトに帰着したが、「彼らは——余人は知らず私には信じ難いことであるが——リビアを周航中、いつも太陽は右手にあった、と報告したのであった」(巻四・四二)。「この民族はどうやら魔法を使う人種であるらしく、スキュティア人やスキュティア在住のギリシア人のいうところでは、ネウロイ人はみな年に一度だけ数日にわたって狼に身を変じ、それからまた元の姿に還るという。私はこのような話を聞いても信じないが、話し手は一向に頓着せず、話の真実であることを誓いさえするのである」(巻四・一〇五)。

「伝えられているままを伝える」、「信じられる人は信じるがよい」というのは無責任なようであるが、見ることと聞くことを最大の武器とする歴史家は、さまざまな説を併記することで関係者に対する公正を慮り、信じ難いことをも記すことで、正確な解明を後世に俟つのである。

仕掛けとしての夢・神託・忠告者

夢や神託が頻出するところから、ヘロドトスの『歴史』は科学的でないと評されることがあるが、そうではない。『歴史』における夢と神託は誤解され、あるいは回避を試みられ、結局は思わぬ仕方で実現してしまうから、ヘロドトスは歴史記述をギリシア悲劇に似せて構想しているのである。夢や神託と同様、行為を促すものとしてしばしば現れるが、ヘロドトスに特有であるのが忠告者のモチーフである。忠告は、聞き入れられる時は盛運を、無視される時は衰運を示唆する。夢・神託・忠告者のモチーフが現れたら『歴史』の先行きが読めることから、ヘロドトスがこれらを歴史記述の方法として用いていることが了解されるのである。

リュディア王クロイソスにはアテュスという頼もしい息子があったが、これが鉄の槍に刺されて死ぬ夢を見る。クロイソスはアテュスに嫁を迎え、一切の武器を隠す。折から畠を荒らす大猪が現れ、住民の懇請黙《もだ》し難《がた》くアテュスが退治に出かけるが、猪の牙ならぬ友人の投げた槍に当たって落命する（巻一・三四以下）。メディア最後の王アステュアゲスは娘のマンダネが放尿し、それがアジア全土に氾濫する夢を見て、夢占い師に占わせたところ、孫に王位を奪われることになろうという。王はメディア人より地位の低いペルシア人に娘を嫁がせるが、再び夢を見る。マンダネの陰部から生えた葡萄の樹がアジア全土を蔽ったのである。王は娘が産んだ赤子を重臣ハルパゴスに命じて殺させようとするが、ハルパゴスはその役目を牛飼に押しつける。牛飼の妻はちょうど死産したところで、王の孫を死児にとり替えて育てた。これが後にアステュアゲスを倒してアケメネス朝ペルシアを開いたキュロスである（巻一・一〇七以下）。

ペルシア王カンビュセスは、弟スメルディスが玉座に坐りその頭が天を摩した、と使者の報告を受ける夢を見る。王は忠臣を遣わしてスメルディスを殺害させたが、後にマゴス僧とその弟のスメルディスが陰謀を企み、王位を簒奪した（巻三・三〇以下）。ペイシストラトスの子でアテナイの独裁者であったヒッピアスは、初めは温和であったが弟が暗殺されてより苛政に転じ、恨まれて国を逐われる。ペルシア宮廷に身を寄せ、ダレイオス大王のギリシア進攻に際してはペルシア軍をマラトン（アテナイの東北約三五キロメートル）に誘導した。戦い前夜、ヒッピアスは母親と同衾した夢を見る。彼はこの夢見を、母なる国に帰還して主権を回復することと解いたが、猛烈なくしゃみと咳の発作に襲われ、口から飛び出した歯が砂中に落ちるのを見て、歯が祖国の土を握ったことを知る（巻六・一〇七）。

デルポイの神託は曖昧さをもってその本質とするから、たとえば「唯一木の砦がアテナイを救う」という神託が下った時には、木の砦とはかつて茨の垣の巡っていたアクロポリスのこと、そこに立て籠もるべしという説、木の砦とは船に他ならぬ故、海戦の準備をすべしという説、その他にも解釈が百出したという（巻七・一四二）。この場合には、策士テミストクレスが第二の解釈でアテナイ人を説得し、サラミスの海戦での勝利に導いたが、神託は誤解され、そして実現することが多い。キュロスの興したペルシアは日増しに強大となり、富強を誇るリュディアとの衝突は避け難くなる。リュディア王クロイソスがペルシア出兵の可否を問うたところ、「出兵すれば大帝国を滅ぼすであろう」との神託が下った。しかし、クロイソスが出兵して滅ぼしたのは、ペルシアではなく我が王国であった(巻一・五三および九一)。

人間がふと洩らした言葉が神託のような働きをすることもある。バビロン人が反乱を起こし、ダレイオス大王が大軍をもって鎮圧に向かった時のこと、包囲攻撃するペルシア軍を城壁の上から揶揄して、「騾馬が仔を産んだならお前たちもわれわれを征服できるだろう」と言う者があった。包囲二〇カ月、ペルシア陣内で騾馬が仔を産み、バビロンは陥落した(巻三・一五一以下)。ちなみに、騾馬も仔を産むことは古代にも知られていたが(アリストテレス『動物誌』五七七b)、ヘロドトスはこれを不可能事《アデュナトン》のモチーフとして語っている。

リュディア最後の王クロイソスの登位から亡国に至る記述(巻一・二六―九二)はクロイソス物語《ロゴス》と呼ばれ、『歴史』巻頭に置かれて、後の歴代ペルシア帝王の盛衰のモデルともなる重要な部分である。ここでヘロドトスは忠告者に対するクロイソスの二様の態度を対比的に描くことにより、忠告者モチーフの読み方を読者に指し示している。すなわち、クロイソスは小アジア西岸のギリシア人諸都市を征圧すると島々に手を伸ばそうとしたが、ギリシア七賢人の一人、プリエネのビアス、別の説ではミュティレネのピッタコスに諷諫されて思い止まった(巻一・二七)。これはクロイソスの盛運が絶頂に向かう時期のことである。一方、クロイソスは先述の如く神託を誤解してペルシア進攻の準備を進めている時、賢者サンダニスから忠告される。ペルシア人は葡萄酒を知らず水ばかり飲み、粗衣粗食に耐える民である。善美に溢れるリュディアがそんな国に勝ったとて何の得るところがあるか、また敗れた場合、どれほどのものを失うか、と。クロイソスはこの忠告を容れず、国を滅ぼすのである(巻一・七一)。

会話場面の設定

忠告者はしばしばヘロドトスの分身の如き発言をする。そして忠告者は必ず会話する人物として登場するから、会話にはヘロドトスの根本思想が託されていることが多い、と言い直してもよい。トゥキュディデスの『歴史』には長大な政見演説が多数含まれているが、この史家はたとえ自分が聴いた演説であっても正確に再現するのは困難であることを自覚して、「実際に語られたことの主旨全体にできるだけ密着しながら、各人がその時々の状況について最も必要なことを述べた、と私に思われるとおりに記述した」(『歴史』一・二二)と明言している。これに対して、ヘロドトスの『歴史』に七六回ばかり現れる会話はすべて遠い世の遥かな地域でなされたものであるから、ヘロドトスの創作である。しかしながら二二頁で触れたように、自由に創られた会話はヘロドトスの思想表明の一方法にもなっているのである。

「ソロンとクロイソスの幸福問答」の中で、黄金に囲まれ世界一の仕合わせ者だと自負するリュディア王クロイソスはソロンから、「私は神と申すものが嫉み深く、人間を困らすことのお好きなのをよく承知いたしております。……いかなる事柄についても、それがどのようになってゆくのか、その結末を見極めるのが肝心でございます」(巻一・三二)と諭される。このクロイソスはペルシア王キュロスの軍門に降るが、生き延びて忠告者としてキュロスに仕え、「王御自身もまた王が号令なされる者どもも、みな人間であることを弁えておいでならば申しますが、先ず人間の運命は車輪のようなもので、くるくると廻りつつ、同じ者がいつまでも幸運であることを許さぬものだということを御承知なさいませ」（巻一・二〇七）と進言する。ギリシア遠征の意志を表明するペルシア大王クセルクセスに対して叔父のアルタバノスは、「殿も御存じのごとく、動物の中でも神の雷撃に打たれますのは際立って大きいものばかりで、神は彼らの思い上りを許し給わぬのでございます」（巻七・一〇）と言って諫止し、海面を覆い尽くす我が艦船を眺めて満悦の後に落涙するクセルクセスに対しては、「煩い多い人生にありましては、死こそ人間にとり何にもまして願わしい逃避の場となりますわけで、かくてはわれらに人生の甘美の味を味わわせて下さった神の御心は、実は意地の悪いものであると申せましょう」（巻七・四六）と感懐を洩らす。これら忠告者の発言はいずれもヘロドトスの思想を表明するものであるので、第Ⅱ部においても再び論じられるであろう。

世界最初の民族学者

ヘロドトスの研究書には必ず引用される、ただし批判的に引用される事典項目がある。それは事典項目とはいえ大著の内実を備えたフェリクス・ヤコビ「ヘロドトス」（F. Jacoby, 'Herodotos'）で、必ず引用されるのは、これが二〇世紀初頭までのヘロドトス研究の集大成であるからであり、批判されるのは、『歴史』の成立に発展段階を見る見方と、ギリシア民族の現在・未来を見据える政治的関心から

『歴史』は書かれた、とする見解とである。『歴史』の執筆意図には第II部第一章「主題と構想」で立ち戻ることにして、ここでは発展段階説にのみ触れておこう。

叙事詩『イリアス』と『オデュッセイア』の成立をめぐる学説として、統一論・分離論・分析論という用語がよく用いられる。統一論は両叙事詩をホメロスという名の一人の詩人に帰すもので、前三世紀アレクサンドレイアの文献学者以来の考え方である。これに対して、『イリアス』と『オデュッセイア』に見られる神観念の相違や細かい矛盾を根拠に、両詩が別人の手になると考えるのが分離論、さらには、『イリアス』も『オデュッセイア』も数世代にわたる複数の詩人の関与によって成った、とする分析論がある。分析論の場合にも、秀れた詩が核にあって、それが発展拡大したとする説と、散在する小詩が統一的なテーマのもとに纏められて現在の姿になった、とする立場とに分かれる。

両叙事詩を幾つもの部分に分解して各部分の先後関係を論じる分析論は一九世紀に盛行し、ヘロドトス研究にも影響を与えた。ヤコビの研究はその究極に位置するもので、彼は『歴史』を細かく分解して各部分の成立順序を推定し、初めヘカタイオスのような地理学・民族誌の探究者として出発したヘロドトスが、ペルシア戦争を戦ったアテナイに滞在することにより、ギリシアとペルシアの運命を関連づける見方を身につけ、ペルシア戦争の歴史家へと発展して行った、と論じた。ヤコビの説については有力な学者から賛成論・反対論が出されたが、一見脈絡のない余談や脱線を夥しく含み独特のスタイルで書かれた『歴史』にも入念に考えられた構想があり、そこからヘロドトスの意図や歴史観を読みとるべきである、とする統一論の立場が今日では優勢である。

ヘロドトスは地理学者・民族誌家から歴史家に発展したのではなく、歴史というジャンルの成立以前に世界を全体として描こうとしたのであるが、その『歴史』に民族誌的な記述が多いのは事実で、それは今日の用語でいう民族学にとっても貴重なデータとなっているので、幾つかを紹介したい。

民族誌の宝庫

ヘロドトスがとりわけ強い関心を懐いたのは結婚の習俗であった。リュディアにはクロイソス王の父アリュアッテス(在位前六一七―五六〇)の巨大な陵墓があり、巨石の土台に土を盛り上げたもので、その上に刻文のある五本の標柱がヘロドトスの時代まで残っていた(陽根《ファロス》型で刻文のない一本が現在発見されている)。刻文は陵墓を造営した商人や職人や娘たちの仕事の量を記録したもので、娘たちの働きが最も大きかった。「というのはリュディアの国では、娘たちがみな身を売り、嫁入りするまで自分の持参金を稼ぐのである」(巻一・九三)。アイリアノス『ギリシア奇談集』(四・一)でこれを補うと、「リュディアの女は嫁入り前には男たちに身を任せるが、ひとたび結婚すると貞操を守った」という。これはいわゆる聖所売淫(sacred prostitution)とは違うと考えられているが、その例もある。「バビロン人の風習の中で最も破廉恥なものは次の風習である。この国の女は誰でも一生に一度はアプロディテの社内に坐って、見知らぬ男と交わらねばならぬことになっている」(巻一・一九九)。金を投げて「ミュリッタ様の御名にかけて、お相手願いたい」と言う男を女は拒むことができず、男と交われば女神への奉仕を果たしたことになり家へ帰れるが、声がかからず三年も四年も居残る女もいるという。

カスピ海の北に住むマッサゲタイ人は、「男は一人ずつ妻を娶るが、男たちは妻を共同に使用する。……マッサゲタイの男がある女に欲望を抱くと、その女の住む馬車の前に自分の箙《えびら》を懸け、なに憚ることなくその女と交わるのである」(巻一・二一六)。アフリカ北岸、今のシルテ湾辺りに住んでいたナサモネス人は、「多数の妻を持つ風習があり、マッサゲタイ人と同様男は誰も妻を共有にしてこれと交わる。戸口の前に杖を立てておいて交わるのである。ナサモネスの男がはじめて婚礼を挙げるときには、初夜に花嫁が全部の客と次々に交わるという風習がある。客は花嫁と交わると、それぞれ家から持参してきている品を花嫁に贈る」(巻四・一七二)。それより西、今のトリポリタニア辺りに住むギンダネス人の女は、「どの女も多数の皮製の足輪をはめているが、その理由は次のようなものだといわれている。女は男に身を任すごとに足輪を一つ宛はめる。最も多くの足輪をはめている女が、最も多数の男に愛されたというので、最高の女性と認められるという」(巻四・一七六)。さらに西方、今のガベス湾辺りに住むアウセエス人の娘たちは、ギリシアのアテナに相当する女神のために年祭を行い、二組に分かれて石と棒で戦う。手傷を負って死ぬ娘は似而非《えせ》処女だといわれる。この人々も「妻を共有にして交わり、正規の結婚によって同棲はせず家畜同様に交わる。女の生んだ子供が順調に育つと、三カ月以内に男たちが集まり、子供が一番よく似ている男の子供と認定される」(巻四・一八〇)。

笑ってはいられない。わが国近代にも、「若者組のいきおいが強くて、村の娘が若者によって共有されている形の濃厚な処では、一時代前の実話として、よばいご(夜這い子)について、よくこんな話が語られる」という。誰が父ともわからない子が生まれた場合、娘の父親はふだん出入りしていた若者たちを呼び集め、誰か覚えがあるかと問いつめても名告《なの》り出る者がないと、子を真中に据えて周りに若者たちを坐らせる。子の本能として父親のところへ這って行くと考えられたので、這い寄られた若者が父親として娘の聟にならねばならない、と(池田弥三郎)。

この他、トラキアのクレストナイオイ族の北に住む部族(巻五・五)や湖上生活をする部族(巻五・一六)についても一夫多妻が語られている。リビアのアデュルマキダイ人については、嫁入り前の娘は王に提供され、王の気に入った娘は王によって処女性を失う、といわゆる王の初夜権(ius primae noctis)の事例が報告され(巻四・一六八)、「リュキア人〔今のトルコ西南部〕は自分の名を父方でなく母方からとって名乗る」(巻一・一七三)との記事はバッハオーフェンの画期的な研究『母権論』(一八六一年)の出発点となった。

同じくヘロドトスを強く惹きつけたのは人の死に纏わる風習である。ペルシア人は死骸を葬る前に鳥や犬に食いちぎらせるという(巻一・一四〇)。マッサゲタイ人は、男が非常な高齢に達すると縁者が集まって来てこれを殺し、一緒に家畜も屠って肉を煮て食べる。病死した者は食われずに地中に埋められ、不幸であったとされた(巻一・二一六)。食人《カンニバリズム》と結びついた葬制はこの他、インドの遊牧民パダイオイ人(巻三・九九)、スキュティアの遥か北方イッセドネス人(巻四・二六)についても語られるが、イッセドネス人は食した後の頭蓋は綺麗に掃除して、金を被せて礼拝したという。スパルタの王が死んだ時の哀哭の礼は簡単に(巻六・五八)、スキュティアの王の盛大な殉死を伴う葬送は詳細に報告される(巻四・七一)。匈奴の単于《ぜんう》が死ぬと、寵愛した臣妾で主君に殉死するものが、多い時には数十人から一〇〇人あったというが(司馬遷『史記』匈奴列伝第五〇)、スキュティアの王の一周忌には、親しく仕えた侍臣五〇人と駿馬五〇頭が絞殺され、騎馬の姿にして墓の周りに立てられた。

興味深いのはトラキアのトラウソイ人で、子供が生まれると縁者が周りに集まり、人間が身に受ける限りの不幸を数え上げて、この子もこうした苦労に遭わねばならぬといって嘆き悲しむ。一方人が死ぬと、憂き世の苦労を免れて至福の境地に入った、と喜々として笑い戯れながら土に埋めるのだ、という(巻五・四)。生まれたばかりの赤子は死神に攫われたり邪視(evil eye)の害を受けたりしやすいので、わざと不吉な、あるいは不潔な名前をつけて邪霊を欺こうとする習俗は世界中に見られるが、トラウソイ人の場合も、子供が生まれた喜びを隠して悪霊の接近を防ごうとするのだ、とヴォルフ・アリィ(W. Aly)は解釈する。この解釈では人の死を喜び祝う部分が説明できないが、ヘロドトスとしては、生よりも死が望ましいとするギリシア的厭世観に近しいものとしてこの習俗を記録に残したのであろう。

幻覚剤の使用、あるいは集団喫煙についての報告もある。ヘロドトスがアラクセス河と呼ぶものは、アルメニアから東行してカスピ海に注ぐアラス河、ヴォルガ河、アラル海に注ぐアムダリヤ河などが混同された現実にそぐわぬ川とされるが、その川中島に住む民は、火を囲んで車座になると、ある種の樹の実を火に焼《く》べて、匂いを嗅いで陶酔境に入り、遂には立ち上がって歌い踊るに至るという(巻一・二〇二)。注釈家はこれをインドの大麻、あるいはイランのハオマを用いた宗教儀礼のようなものかと考えている。一方スキュティア人は、フェルトのテントの中で赤熱した石の上に大麻の種子を投げ、多量の湯気を発生させて、この蒸風呂で上機嫌になって大声でうなりたてる、と(巻四・七五)。

沈黙貿易(silent trade)についての最古の記事もヘロドトスに見える。ヘラクレスの柱(ジブラルタル海峡)の向こうにリビア人の住む国がある。カルタゴ人はそこに着くと、浜辺に商品を並べ、船に戻って狼煙《のろし》をあげる。すると原地住民が出て来て代価の黄金を置き、遠くへ下がる。カルタゴ人が下船して、商品と黄金が釣り合うと見ればそれを持って漕ぎ去るし、足らずと見ると船に戻り、住民が黄金を積み増すのを待つ。双方が納得するまでこういうことが繰り返され、決して不正は行われない、と(巻四・一九六)。

最初の昔話採集者

フォークロア(folklore. 民間伝承、民俗学)といえば信仰・生活習慣・技術・芸能・娯楽など、ある民族が口承で伝えてきた知識の総体を指すが、そのうち特に文芸方面のものは、神話・伝説・昔話等に分類される。これらは今日でも定義が難しいし、古代ギリシアに専門用語があったわけでもないのであるが、便宜のために使わざるをえない。

宇宙開闢から神々の誕生を扱う神話については早くへシオドス(前八世紀末)が『神統記』で体系化を試みたし、アポロドロス『ギリシア神話』(原題は『書庫《ビブリオテーケー》』)やヒュギヌス『神話集』といったハンドブック、あるいはオウィディウス(前四三―後一七頃)の叙事詩『変身物語』がギリシア神話集成の役割を果たしている。他方、土地と人物の名前に結びつく伝説は、歴史・地誌・旅行記・随筆等の文献に散見するものの、一書に纏められることはなかった。昔話は伝説以上に冷遇されており、アプレイウス(二世紀)『変身物語(黄金の驢馬)』(四・二八以下)で飯炊き婆が語る「クピードーとプシュケーの物語」が、ギリシア・ラテン文学中に唯一完全な形で残る昔話とされている。

しかしこのような古代にあって、ヘロドトスの『歴史』が昔話的な話を多数採録しているのは注目に価する。彼は調査旅行の先々であらゆる事柄について聞き取りを行ったが、土地の人が語る昔話的な話をも研究に無縁のものとはしなかったのである。『歴史』を彩る数々の話の中でも、長さといいピカレスクな味わいといい、断然他を圧して面白いのは「ランプシニトスの宝蔵」である。

(発端)ランプシニトス王は莫大な銀を有し、これを安全に保管するため石庫《いしぐら》を造らせた。ところが一職人が、往来に面した壁の石を一つ、容易に取り外せるよう細工しておき、死に臨んで二人の息子を呼び寄せると、石の位置と外し方を教えた。職人が死ぬと、息子たちは早速仕事にとりかかる。(一段)宝蔵に入り財宝が減っていることに気づいた王は不思議に思うが、このことが度重なるので、蔵に幾つもの罠を仕掛けさせた。兄弟の一人(兄としておく)が蔵に入り、たちまち罠にかかるが、弟を近くに呼ぶと、自分の首を切り落とさせた。顔が知られたなら弟まで捕まるからである。(二段)首なし死体を見出した王は、それを壁に吊るさせ、それを見て泣き悲しむ者を捕らえるよう見張り番に命じる。生き残った弟は数頭の驢馬の背に酒袋を積み、見張り番の前を通りがかると、わざと革袋の紐をほどいて酒を零《こぼ》した。思わぬ酒にありついて喜ぶ番人たちに弟は次々と酒をふるまい、酔い潰すと、兄の遺体を壁から下ろし、番人たちの右頬を剃って帰った。(三段)報告を受けた王は大いに怒り、自分の娘を娼家に送ると、どんな男でも客にとり、これまでしたことの中で最も巧妙で最も非道なことは何かを聞き出し、もし例の事件を語る者がいたら摑んで離さぬよう言い含めた。一方、盗賊はなぜそのようなことが行われているのかを悟ると、知恵競べで王を出し抜いてやろうと思い、新しい死体から切り取った片腕を隠し持って王女のところへ登楼した。そして問われると、最も非道なことは兄の首を刎ねたこと、最も巧妙なことは番人を酔い潰して死体を下ろしたことだと答え、捕えようとする王女には死者の腕を摑ませて逃げ去った。（結末）王は男の俊敏さ大胆不敵さに舌を巻き、出頭すれば罰せず恩賞を与えると触れを出した上、現れた盗賊に娘を妻《めあ》わせた（巻二・一二一）。ランプシニトスはエジプト第一九・二〇王朝（前一三二〇頃―一〇八五頃）に何度か現れるラメセス王から作られた名前で、ヘロドトスはこの話をエジプトの祭司から聞いたと言うが、ギリシアにも同じ話が伝えられている。

オルコメノス〔ボイオティア地方の古都〕の王エルギノスと若妻の間にトロポニオスとアガメデスが生まれた。トロポニオスはエルギノスではなくアポロン神の子だと言われるが、私も、またトロポニオスの神託を受けに行ったことのある者も皆、そう信じている。伝えによると、二人は長じて神々の聖域や人間の王宮を造る名人となり、デルポイのアポロン神殿やヒュリエウス王〔ボイオティア地方の王〕の宝蔵を建てた。その際、石の一つを外側から取り外せるようにしておき、二人は毎々《まいまい》収蔵品の一部を盗みとっていた。鍵も封印もそのままなのに財宝がたえず減って行くのを見て、ヒュリエウスは唖然とするばかり。そこで、金銀を納める甕の上に罠というか、忍びこんで財宝に手をつける者を取り籠める仕掛けを設置した。アガメデスが忍びこみ罠にかかったが、トロポニオスはその首を切った。夜が明けて兄弟が拷問され、自分も共犯であることを白状されぬためであった。トロポニオスの方は大地が裂けて呑みこんだが、それは今、レバデイアの杜の中、いわゆる「アガメデスの穴」があり、傍らに石柱が立つ場所である。

（パウサニアス『ギリシア案内記』九・三七・五以下）

これだけならばこの物語の起源の地はエジプトかギリシアか、ということになりそうであるが、同じ話がインドにもある。釈迦前生譚（ジャータカ）の一つで前二八五年に漢訳された『生経《しょうきょう》』（巻二「仏、舅と甥とを説く経」第一二。「国訳一切経」本縁部一一所収）に見える話である。

（発端）王の織物師として働く叔父（舅）と甥、蔵の財宝を見て欲心をおこし、地下道を掘って盗み出す。（一段）王は盗賊の再来を予想して警戒を厳にする。甥は叔父に後向きに蔵に入らせるが、番人に捕まった叔父の首を切って持ち帰る。（二段）王は首なし死体を四辻に曝し、悼み泣く者の現れるのを待つ。薪に火を点けに来る者を見張る。骨を拾いに来る者を見張る。（三段）王は王女を着飾らせ、大河の辺《ほと》りの部屋に男の出現を待たせる。（四段）王女と甥の間に生まれた赤児を乳母に連れ回させ、赤児に口づけする者の現れるのを待つ。（結末）甥は他国で大臣となり、元の国の王女を妻に迎える。

盗賊の機略の部分を省略して粗筋を示したが、「ランプシニトスの宝蔵」と比べると、第二段のモチーフが三重になり、第四段が加わっているのが分かる。ヘロドトスの伝える話はより詳しい話の要約ではないかとされる所以である。『生経』のこの話は仏教百科全書『法苑珠林《ほうおんじゅりん》』(六六八年)を介して『今昔物語集』巻第一〇「震旦ノ盗人、国王ノ倉ニ入リテ財ヲ盗ミ父ヲ殺セル語」第三二に流れこんでいることが早くから指摘されている。上に紹介したトロポニオスとアガメデスは兄弟であったが、カシ甥と叔父だとする異伝(アリストパネス『雲』五〇八への古注)もあって、『生経』の話と暗合する。カシュミールの詩人ソーマデーヴァ『カターー・サリット・サーガラ(物語の大海)』(一一世紀)に見える「カルパラとガタの物語」、ヨハンネス・デ・アルタ・シルウァ『ドロパトス　あるいは王と七賢人の物語』(一一八五年頃)に採り入れられた「宝物庫」も「ランプシニトスの宝蔵」の類話であるが、独自の潤色が目だつ。この物語についてはガストン・パリス(G. Paris)、ペンザー(N. M. Penzer)、田中於菟彌《おとや》、松原秀一等に詳細な論考があるが、起源の地と伝播の経路についてはなお確実なことは言えぬようである。

ヘロドトスはエジプトの祭司たちから歴代諸王の事蹟を聞く中でこの「ランプシニトスの宝蔵」の話を聞いたが、これがランプシニトスの代《よ》に実際に起きたことかどうかを疑うより、エジプト人の語る驚くべき話として伝えられるままに伝えたのであろう。『歴史』にはこの他に幾つも昔話的な話が含まれているが、ヘロドトスが『歴史』のテーマと関連させて語っていると思われる話については、第II部で紹介したい。

第三章　ヘロドトス評価の変遷

トゥキュディデス――最初の批判者

ヘロドトスとトゥキュディデスは共に歴史記述のカノンとされながら、トゥキュディデスを書き継ぐ同時代史は少なくとも三篇残されているのに対して、ヘロドトスには後継者は現れなかった(三頁以下参照)。ところで、二五ほど歳の違うこの二人に接点はあったのであろうか。

マルケリノス『トゥキュディデス伝』(五四)によると、「ヘロドトスが自作の『歴史』を発表している時、朗読の場にトゥキュディデスが居あわせ、聴いて感涙を流した。これを見たヘロドトスは少年の父親に対して、「オロロスよ、ご子息の本性は勉学意欲に燃えている」と言った」という。ギリシアの伝記作家は有名人を因縁の糸で結びつけるのが好きで、たとえば、ギリシア人がサラミスでペルシア海軍を破った前四八〇年、アイスキュロスは海兵として戦い、ソポクレスは戦勝祝賀の少年合唱隊を指揮して舞い歌い、エウリピデスはサラミス島で呱々《ここ》の声をあげた、というような伝えもあるが、三大悲劇詩人の年恰好を窺う以上には信じ難いように、マルケリノスの記事も真に受ける必要はない。むしろ、トゥキュディデスは最初のヘロドトス批判者として現れるように思われる。トゥキュディデスはペロポネソス戦争の記述に入るに先だち自らの方法論を語るが、そこにこんな言葉が見えるからである。

とはいえ、上に述べた論拠からして、私が述べ来たったことをほぼそのとおりと判断して誤りはないであろう。私が述べ来たったことは、詩人たちがそれについて誇大に飾りたて謳いあげてきたようなものとは訳がちがう、また、物語作家《ロゴグラポス》たちが真実よりもむしろ聴衆の受けを狙って書いたようなものとも訳がちがう、そんなものは検証不可能だし、多くは時間の経過ゆえ、信じ難いほど物語的なものになり果てている、と信じて誤りはないであろう。私が述べ来たったことは、古い時代のものとしては十分に明白な証拠に基づいて見つけ出されたと考えて誤りはないであろう。

（『歴史』一・二一）

私の記録は物語《ミュートス》的ではないので、聴いてもあまり面白くないものに見えるかもしれない。しかし、かつて起こった事件について、また、人間の条件が変わらぬ限り、いつか再び同じようなものとして、あるいはよく似たものとして起こるであろう事件について、明確なところを見極めてみたいと思う人々がこの記録を有益だと判断してくれれば十分であろう。今現在の聴衆から賞を得るためではなく、永遠の財産としてこの記録は書きとめられた。

（『歴史』一・二二）

トゥキュディデスは、ギリシア人が移動を繰り返し未だヘラス（Hellas. ギリシア）という総称を持たなかった昔から、トロイア戦争・ペルシア戦争を経てペロポネソス戦争前夜に至る状況を粗描した後、自分の記述は過去の出来事を潤色美化して謳う叙事詩や、真実追求より娯楽を目的とする散文作品とは全く違う、と宣言している。ロゴグラポス（話《ロゴス》を書く人）は後には法廷弁論を代作する専門家を指すようになるが、ここでは韻文で歌う詩人に対して散文を用いる作家、とりわけ過去の出来事を物語風に記す歴史作家を意味している。そして、トゥキュディデスが物語作家《ロゴグラポス》を斥け、「私の記録は物語的ではない」と言う時、彼はヘロドトスを念頭においていた、と古来考えられてきた。これに対して最近、トゥキュディデスが批判するのは歴史作家一般、あるいは新興のソフィストたちであるとの説が出されているが、私は採らない。批判の対象は専らヘロドトスである、と考えるべき理由が幾つもあるからである。

まず、トゥキュディデスがヘロドトスの序文を強く意識しながら自らの序文を草し、そこでヘロドトス流の歴史のあり方を否定していること。彼は自著のテーマを「ペロポネソス人とアテナイ人の戦争」だと告げ、記述の対象を同時代の政治・軍事史に限定することにより、見たこともない過去や言葉も分からぬ遠国を扱うヘロドトスを難じているのである（一二五頁参照）。

次に、トゥキュディデスがヘロドトスの『歴史』を座右に置いていたのではないかと思われるほど、ヘロドトスの細部を修正していること。たとえば、海上制覇を企てた最初のギリシア人はポリュクラテスである、とヘロドトス(巻三・一二二)が記すのを、トゥキュディデス(一・四)は伝説的なクレタ王ミノスまで溯らせる。スパルタにはピタネ軍団と呼ばれるものがあったとするヘロドトス(巻九・五三)に対して、トゥキュディデス(一・二〇)はそのようなものは存在しなかったと言う。サラミスの海戦でアテナイ人が醵出した軍船は一八〇隻(ヘロドトス、巻八・四四)、これが四〇〇隻の約三分の二に修正される(トゥキュディデス、一・七四)、といった具合である。アテナイの僭主ペイシストラトスは神託に従ってデロス島の浄めを行ったが、ただしそれは、神殿から見晴かせる範囲に限られた、とヘロドトス(巻一・六四)が記し、トゥキュディデス(三・一〇四)がその但し書きまで省略しない事例は、かえってトゥキュディデスがヘロドトスを参照しながら書いたことを思わせる。名高い同性愛カップル、ハルモディオスとアリストゲイトンの僭主殺しについては、不正確な巷説を正すとしてトゥキュディデスは詳説するが(一・二〇および六・五三以下)、簡単に言及するだけのヘロドトス(巻五・五五)を補う意図もあったであろう。

さらに、トゥキュディデスの方法論を示す先の文章の中、「今現在の聴衆から賞を得るためではなく」の表現にも注目したい。「賞を得るため(のもの)」と訳したのはagonisma(アゴーニスマ)であるが、これは運動競技・劇の競演・音楽の技や弁論術の競い等ギリシア人が好んだagon(アゴーン。競争)の派生語で、「コンテスト、コンテストのためのパフォーマンス」を意味する。哲学と科学が興ったイオニア地方では、知識人たちが探究の成果を書物や口頭で盛んに発表し、ヘロドトスが『歴史』の各所で述べる論争的な主張も自説の発表というパフォーマンスであったと考えられるが(三四頁参照)、「賞を得るための発表」が正にアゴーニスマであった。高い調子で自作を「永遠の財産」と位置づけるトゥキュディデスは、対照的にアゴーニスマをその場限りに聴き捨てられる娯楽と断じているのであろう。

このように、トゥキュディデスはやはりヘロドトスその人を批判していると考えるべきであるが、ただ私には、トゥキュディデスほどの史家がヘロドトス『歴史』のメッセージを読み損なったであろうか、という疑念も残る。二人の史家には歴史を見る眼に共通するところもあるからである。

ペロポネソス戦争の記述に取りかかるにあたってトゥキュディデスは、人間というものが変わらぬ限り、いつかまた同じようなことが起こるであろうから、その時に自分の記録が繙《ひもと》かれればよい、と記した(『歴史』一・二二)。現に彼は、開戦の翌年にアテナイを襲い夥しい人口とペリクレスの命を奪った疫病の描写においても、病気の原因や発生源については各人各様の憶測に任せ、自身は病状の克明な記録を残すことに徹している(『歴史』二・四八)。ところが、記録のこのような意義はヘロドトスも知っていた。彼はエジプト人の発見にかかる予兆の種類は極めて多いとして、「エジプト人は天変地異が起ると、その結果を記録に留めておく。いつか後になってこれと似た現象が起れば、同じ結果が生ずると彼らは信じているのである」(巻二・八二)と記しているからである。そしてヘロドトス自身、似たことは似た結果を生ずるという原理に基づき、リュディア王クロイソスとペルシア帝国四代の帝王の事蹟をパターン化して描いており、トゥキュディデスがそのパターン化の予言的性格に気づいていなかったとは考えにくい。したがって私は、トゥキュディデスがヘロドトスを認めつつも、現下の大戦争を記述するにはもはやヘロドトス的な方法は採り得ず、自らの厳密な方法論を開示するにはヘロドトスに対する批判も述べざるを得なかったのであろうと考える。

クテシアス――目くそ鼻くそを笑う

初めてヘロドトスを名指しで批判したのはクニドスのクテシアスである。クニドスはヘロドトスの生地ハリカルナッソスの南に位置し、コス島と並び称せられる医学の中心地であったが、クテシアスもペルシアのアルタクセルクセス二世(在位前四〇五／四―三五九／八)の宮廷に仕える医師であった。その著書『ペルシア史』二三巻は失われたが、コンスタンティノープル総主教で大学者でもあったポティオス(八一〇頃―八九三頃)が『群書要覧《ビブリオテーケー》』に読書の抜書を残している。

クニドスのクテシアス『ペルシア史』二三巻を読んだ。著者は最初の六巻でアッシリア史およびペルシア以前のことを扱い、七巻以後でペルシア史を詳述する。七巻から一三巻でキュロス・カンビュセス・マゴス僧・ダレイオス・クセルクセスの代を詳説するが、ほとんど全ての点でヘロドトスと対立することを記すばかりでなく、多くの個所でヘロドトスを噓つきと難じ、物語作家《ロゴポイオス》と貶《おとし》めている。著者の方が後輩になるからである。そして著者自身は、記述内容の大部分を自分の目で見たし、見ることが叶わぬ場合にはペルシア人本人から親しく聞いて歴史を書いた、と述べている。著者の記述はひとりヘロドトスと対立するばかりでなく、幾つかの場合にグリュッロスの子クセノポンとも食い違っている。

（クテシアス、証言八 Jacoby）

ペルシア大王の侍医として王室文書にも近づき得たというクテシアスの記事は、しかし実際には浮説や宮廷ゴシップに満ちたもので、ことさらにヘロドトスとの違いを出そうとして誤りをも犯している。二世紀の作家ルキアノスは空想旅行譚の中で懲罰の島を訪れ、そこで「最も厳しい罰を受けていたのは生前嘘をついた人、真実ならざる歴史を書いた連中で、クニドスのクテシアスやヘロドトスやその他大勢であった」（『本当の話（第二部）』三一）としている。

アリストテレス——詩と歴史

アリストテレスは膨大な著作の中でトゥキュディデスを名指しで引用することは一度もないのに対し、ヘロドトスからは民族誌や自然誌方面の知識を多く取りこんでいるし、ヘロドトスを歴史分野の代表と考えていたようである。とはいえ、ヘロドトスもアリストテレスから次のように論評されていることを知ったなら、おそらく憮然としたことであろう。

なぜなら、歴史家《ヒストリコス》と詩人《ポイエーテース》は、韻文で語るか否かという点に差異があるのではなくて——じじつ、ヘロドトスの作品は韻文にすることができるが、しかし韻律の有無にかかわらず、歴史であることにいささかの変わりもない――、歴史家はすでに起こったことを語り、詩人は起こる可能性のあることを語るという点に差異があるからである。したがって、詩作は歴史にくらべてより哲学的であり、より深い意義をもつものである。というのは、詩作はむしろ普遍的なことを語り、歴史は個別的なことを語るからである。

（『詩学』一四五一b。松本仁助・岡道男訳）

ここでアリストテレスが詩人というのは叙事詩のホメロス・悲劇詩人・中期喜劇以後の喜劇詩人たちのことで、彼らは起こり得る筋を組み立て、登場人物に名前を付けて再現（模倣《ミーメーシス》）することで普遍的な作品とする。これに対して歴史は、ある人物が行ったこと・その人に起こったことを記すだけであるから個別的なものに留まる、というわけである。確かに、ある期間に脈絡も因果関係もなく起こる出来事を羅列するだけの年代記のようなものならばアリストテレスの言うとおりであろうが、しかし、トゥキュディデスは将来必ず同じようなことが起こるであろうという確信のもとに「ペロポネソス戦争史」を残し、ヘロドトスも「ペルシア戦争史」に予言的性格を持たせたのであるから、歴史は個別的との論評は不当であろう。

なお、アリストテレスは魚の生殖についての論説（『動物発生論』七五六b）においても、おそらく『歴史』巻二・九三を念頭において、ヘロドトスを荒唐無稽を語る人《ミュートロゴス》と呼んでいるから、一〇〇年前には探究の意味しか持たなかったヒストリエーを歴史の意味で使いつつも、それを真実を伝える研究だとは認めていなかったようである。

エジプト人による批判

教養あるエジプト人がヘロドトス『歴史』の巻二「エジプト誌」は間違いだらけだ、と言ったらヘロドトスの立場はどうなるのであろう。マネトンは前三世紀初頭、ナイル河デルタの宗教都市ヘリオポリスの高等神官を務め、神話時代から前三四二年に至る『エジプト史』三巻を著したが、この人物が正にそのようなことを言っている。マネトンの書は失われ断片が伝存するのみであるが、ユダヤ人歴史家ヨセフス(三七／八生まれ)が自民族の古さを論証しようとして著した『アピオンへの反論』(一・一四・七三)でこんなことを述べている。

まずエジプト人の書き物から始めたい。彼らの書き物そのものを提示することはできないけれども。マネトンは生まれはエジプト人であるが、祖国の歴史をギリシア語で著したことからして、ギリシアの教育を身につけていたことは明らかで、自ら言うところによると、神聖な文書から翻訳してそれを行った。彼はまた、ヘロドトスがエジプトのことについて無知から沢山の嘘をついていると非難している。

(マネトン『エジプト史』断片四二。ロウブ版)

そこで、ヘロドトスとマネトンの対応する記事を一つ紹介しよう。ヘロドトスによると、史上初めて艦隊を率いて紅海から出発し、インド洋沿岸の住民を征服したばかりか、陸上でもアジアからヨーロッパを席捲し、ペルシア帝国盛時のダレイオス大王も及ばなかったスキュティア平定をも果たした、というセソストリス王の話である。

さて祭司たちの話によれば、このエジプト人セソストリスは、彼の征服した国々の住民多数を捕虜として随え帰国してきたが、帰国の途中ペルシオンのダプナイに着いた時、セソストリスの弟で彼がエジプトの統治を委ねていた者が、彼のみかその子供たちをも饗応に招き、その家の周りに薪を積み上げ、火を放った。これを知ったセソストリスは、すぐにその対策を妻に相談した。彼は妻をも帯同していたのである。するとその妻は、六人いる子供の内二人を燃えさかる薪の上にねかせて、火の海を渡る橋代りにし、自分たちはその体の上を渡って脱出するのがよかろうといった。セソストリスは妻のいったとおりにし、二人の子供はこのようにして焼死したが、残りの子供は父とともに難を免れたというのである。（巻二・一〇七）

アメノピスの子セトスはまたラメッセスとも呼ばれる。兄弟のハルマイスに全権を委ねエジプト統治を任せて遠征に出るが、ただ、王冠は戴かぬよう、妃を害し側室に手出しをすることのなきよう命じて行く。キュプロス、フェニキア、アッシリア、メディアと征服し、さらに東征を続けるが、こうして時間が経つ間に、本国のハルマイスは王妃や王の側室に次々に狼藉を働き、側近に唆かされて王冠を戴くことになる。祭司長がこのことを手紙でセトシスに通報すると、セトシスは直ちにペルシオンに帰り着き、自国を奪回する。国土は彼に因《ちな》んでアイギュプトス〔エジプト〕と名づけられたが、それはセトスはアイギュプトス、ハルマイスはダナオスと呼ばれていたからであった。

（マネトン『エジプト史』断片五〇。ロウブ版。要約）

マネトンのいうセトス（およびセトシス）はヘロドトスのセソストリスに対応する。この名は第一二王朝（前一九九一頃—一七八六頃）のセンウセルトに基づいて作られ、センウセルト（一世と三世）の覇業の上に第一九王朝のラメセス二世（前一三〇四頃—一二三七頃）や第二二王朝のシェションク一世（前九四五—九二五頃）その他の事蹟が重ね合わされて、セソストリス伝説が形成されたと考えられている。この記事について、ヘロドトスはマネトンが非難するように嘘を語ったわけではなく、祭司から聞いたとおりを記したのであろう。

王の遠征中に兄弟が謀叛を起こす大筋はヘロドトスとマネトンに共通するが、マネトンには館の焼き打ちの一件は語られていない。また、セソストリスについてヘロドトスよりはるかに詳しく、誕生時のことから語りおこしているシチリアのディオドロスも、館の焼き打ちは記すのに、火の海を渡す人橋には言及していない（『世界史』一・五七・六—八）。ところが、謎多き哲学者ピュタゴラス（前五七〇頃生まれ）の伝記にはそれが現れるのである。ピュタゴラスは南イタリアで数学や哲学の研究を行いつつ宗教的生活を送る一派を形成するが、寡頭政治をよしとする政治活動も行ったため迫害を受け、最後は焼き打ちにあう、逃げこんだ神殿で食を絶って死ぬ、戦いで殺される、等さまざまに伝えられる(ディオゲネス・ラエルティオス『ギリシア哲学者列伝』八・三九)中で、とりわけ興味深いのは新プラトン派の哲学者ポルピュリオス(二三四頃—三〇五頃)の伝える一説である。それによると、「ピュタゴラス自身はメタポンティオンでムーサイの神殿に逃げこんだが、食糧も無きまま四〇日間過ごした後死んだ、と伝えられる。別の説によると、一同が集まっていた建物を炎がのみこんだ時、弟子たちが火の上に身を投じ、体を火の海に架かる橋となして師に通り路を提供した。ピュタゴラスは火の中から脱出したが、親しい者らを奪われて絶望し、命を絶った」という(『ピュタゴラス伝』五七)。この火の海に架かる人橋のモチーフは、ヘロドトスがセソストリス伝に付け加えたのかもしれない。

プルタルコスの「悪意」

本書の冒頭で「歴史の父であるヘロドトスやテオポンポスには無数の作り話がある」というキケロの言葉を紹介したが、これは前一世紀頃の一般的なヘロドトス観を反映したものであった。ここではローマ時代に生きたギリシア人、多作家で古代有数の知識人であったプルタルコス(五〇頃—一二〇頃)の意見を見ておこう。

プルタルコスが「歴史家は地誌を書く時、知識の及ばないところは地図の一番端の部分に押しやって、「これより先は野獣に満ちた水なき砂漠」「文目《あやめ》も分かぬ沼地」「スキュティアの氷原」「凍結した海」などの見出しをつけておく」(『対比列伝』「テセウス伝」一)という時、彼の念頭には歴史家の一人としてヘロドトスもあったことは間違いない。しかしこの一文は、伝記作家もテセウスのような半ば神話的な人物を扱う場合には不確実さを認めざるを得ないと弁明するものであって、必ずしもヘロドトスを批判するものではない。これに対して、彼の『ヘロドトスの悪意について』は史上最も念の入ったヘロドトス攻撃であろう。「先祖——六〇〇年ほど昔の先祖——と真理の仇討ちのために書く」(八五四F)と宣言するとおり、これはプルタルコスの私怨の書である。

ヘロドトスによると、プラタイアの戦い(前四八〇年)に臨むペルシア軍は三〇万、迎え撃つギリシア軍は重装兵と軽装兵を合わせて一一万であったが、別にボイオティア人・テッサリア人などのギリシア人五万がペルシア側に与《くみ》して戦った(巻九・三〇—三二)。ボイオティアの中でもとりわけテーバイでは親ペルシアの寡頭派の勢力が強く、ギリシアに仇なすテーバイの姿をヘロドトスは繰り返し描いている。まず、ペルシア軍が進撃を続けてボイオティア地方に入った時、テーバイ人はペルシア軍の将マルドニオスに対して、ギリシアの諸ポリスに賄賂を届けて分裂工作を行い、戦わずしてギリシアを制圧することを進言した(巻九・二)。ただしこれは、ペルシア軍の行軍路にあたり、どちらの陣営についても甚大な戦禍を蒙るテーバイ人の苦心の策ではあった。

次に、川を挟んで両軍が睨み合いを続ける間にも、ペルシアの騎兵部隊は絶えずギリシア軍を悩ましていたが、「それというのも、熱烈なペルシア贔屓《びいき》のテーバイ人はことのほか戦争の推進に熱意を示し、絶えずペルシア軍の先頭に立って誘導したからであるが、ただしそれは戦闘に入るまでで、それから後を引き受けて武功を樹てたのはペルシア人やメディア人であった」(巻九・四〇)と、ヘロドトスの辛辣さはここに極まる感がある。さらにいよいよ戦闘が始まると、ペルシア陣営に入ったギリシア人の多くは同胞と戦うことを嫌って故意に見苦しい戦いぶりを示したのに、「ボイオティア軍はアテナイ軍を相手に長時間にわたって戦った。テーバイ人のうち親ペルシア派のものたちは、並々ならぬ戦意を燃やして戦い、故意に卑怯な振舞いをするようなことはなかったので、テーバイ軍中でも重だった勇士が三〇〇人までこの時アテナイ軍の手にかかって戦死を遂げたほどであった」(巻九・六七)という。そして戦いの後ギリシア軍はテーバイに兵を進め、親ペルシア派の主導者の引き渡しを求め、処刑するのである(巻九・八八)。

ボイオティア地方のカイロネイアに生まれたプルタルコスは、同郷のテーバイ人がこのように描かれていることに憤って『ヘロドトスの悪意について』を草した、というのである。プルタルコスによると、ヘロドトスはテーバイ人やコリントス人の裏切りを言いたてるばかりでなく、ギリシアを救ったアテナイやスパルタの功績をも不当に貶めている。物事をすべて悪く解釈し、悪口を言うためには歪曲や捏造も辞さない、と。こうしてプルタルコスは『歴史』の記事を一つ一つ取り上げ、ヘロドトスの性格の悪さを論証しようとするのであるが、その論調こそ博識と良識を謳われるプルタルコスのものとも思えぬ悪意に満ちたもので、不快な揚げ足とりとしか思えぬ論点が多い。

ヘロドトス賛美者

この他、ウァレリウス・ポッリオ『ヘロドトスの剽窃について』(二世紀前半)、アエリウス・ハルポクラティオン『ヘロドトスの嘘について』(二世紀末?)、ギリシアの教養を体現した古代最後の文人リバニオス『ヘロドトスを駁す』(四世紀)等は失われたが、タイトルを見るだけで内容が推測できよう。このような古代にあって、ただ一人ヘロドトスを悪く言わないのは批評家・歴史家ハリカルナッソスのディオニュシオスである。彼はヘロドトスと同じ町に生まれ、アウグストゥス帝治下、内乱の収まったローマに滞在して、修辞学教師として往古《いにしえ》の弁論家を論評するかたわら、自ら大著『ローマ古代史』二〇巻を著すところから、歴史についての考察も残している。ヘロドトスとトゥキュディデスを比較しながら言う。

……歴史家が三番目に考慮すべきことは、何を記述し何を省くかということである。この点でもトゥキュディデスの方が劣っているように思われる。長大な叙述は何がしかの息抜きがあれば聴衆の心を快くさせるが、同じところに止まり緊張が続くと、飽きて聴くのも苦痛になることをヘロドトスはよく知っていたので、ホメロスの向こうを張って変化に富んだ描写を心がけた。だから我々はひと度彼の本を手にすると、最後のシラブルに至るまで賛嘆し、いつももっと求めたくなるのである。一方トゥキュディデスは戦いに次ぐ戦い、戦備に次ぐ戦備、スピーチに次ぐスピーチで戦争のことばかりを息つくひまもなく説き続けるので、聴く者の精神は疲れ果ててしまうのだ。

(『ポンペイウス宛書簡』三・一一・一以下)

ディオニュシオスは修辞学者らしく、文章法の面からヘロドトスを賛美している。『本当の話』の中でヘロドトスを、真実ならざる歴史を書いて死後懲罰の島で罰を受けているとしたルキアノスも、『歴史はいかに記述すべきか』ではトゥキュディデスの方法論をよしとしながら、『ヘロドトスあるいはアエティオン』では、ヘロドトスの文章の美質の一つでも模倣したいものだと述べている。

ヘロドトスの復権

初めトゥキュディデスによって押された「物語的」なる烙印はやがて「嘘つき」に変わり、後世に引き継がれたが、一六世紀に至ってヘロドトスはその汚名を雪《そそ》ぐことになる。きっかけは主に二つ。一つは一五世紀に大航海時代が幕を開け、外交使節・宣教師・探険家たちが世界の隅々まで旅行を行ったことである。そこで集められた珍しい民俗風習や口碑伝承は、ヘロドトスの記事を荒唐無稽の謗《そし》りから救うに充分であった。もう一つは一六世紀初めより興った宗教改革の中で、聖書を信仰の直接の拠りどころとする精神が聖書の歴史的研究を甦らせたことである。そこではヘロドトスが「旧約聖書」を補う文献となった、というより、オリエント学の未だ興らぬ時代にあって、エジプト・バビロニア・ペルシア等の研究にとって『歴史』は最も頼れる史料となったのである。

一四五三年、コンスタンティノープルが陥落し東ローマ帝国は滅びるが、この前後に多くのギリシア人学者がイタリアに逃れて、西欧世界にギリシア語を教えると共にギリシア古典のラテン語訳を進めた。人文学者ロレンツォ・ヴァラによるヘロドトスのラテン語訳は一四五七年に成り、一四七四年ヴェネツィアで刊行されている。ラテン文学の再発見・再生はこれより早く一三世紀後半から一五世紀後半にかけて果たされていたから、ルネサンスの機運・ビザンツ学芸の西漸・グーテンベルクによる印刷術の発明などと時節を合わせてギリシア古典が再生したわけである。

ヘロドトスがヨーロッパに知られるようになると、トゥキュディデスやプルタルコス以来のヘロドトス批判も甦るが、これに対しては学問的な反論も現れた。今もプラトン作品の頁・節番号の基準となるステファヌス版「プラトン全集」を刊行したことで有名なアンリ・エティエンヌ(ラテン語でHenricus Stephanus)は『ヘロドトスのための弁明』(一五六六年)を草し、世上行われているヘロドトス批判は古代人の意見の受け売りにすぎず、大航海時代がもたらした民族誌の知見と比較してみれば、ヘロドトスの記事は決して虚妄とは言えぬ、と論じた。

名誉回復した後のヘロドトスは、古代歴史家の中では比較的重要視されていたようである。一四五〇年(活版印刷術が実用化された頃)から一七〇〇年(古典文化と近代文化が「書物の戦争」の形で論争を行い、古典派がもはや優位に立てなくなった頃)までの間に、ギリシア・ローマの歴史家の著作がどれくらい印刷刊行されたかを調査した研究があり、歴史家の人気のおおよその尺度になるかと思われる(表1)。それによると、この二五〇年の間にヘロドトスの原典は三一回、イタリア語・フランス語・ドイツ語その他の近代語訳は一三回、合計四四回刊行されて、トゥキュディデスの四一回を上回っている。ポリュビオス『歴史』は三六回、シチリアのディオドロス『世界史』とカッシオス・ディオン『ローマ史』は同数で二五回である。ギリシア語作品でヘロドトスを凌ぐのはクセノポンの歴史小説『キュロ

表1――ギリシア・ローマ歴史家の刊本数比較

	刊本合計	羅／希原典：近代語訳	上位3カ国語
サルスティウス『カティリナ』	282	229：53	仏17　伊12　西7
V. マクシムス『著名言行録』	198	165：33	伊11　仏10　独8
カエサル『ガリア戦記』	189	113：76	仏27　伊26　独9
リウィウス『建国以来の歴史』	160	83：77	独32　伊19　仏9
タキトゥス『年代記・歴史』	152	75：80	仏33　伊21　英7
フロルス『ローマ史要約』	147	114：33	仏14　伊 7　独4
ヨセフス『ユダヤ古代誌』	73	14：59	独23　伊15　英7
プルタルコス『対比列伝』	62	27：35	仏10　伊 9　英7
クセノポン『キュロスの教育』	54	38：16	英 5　伊 5　仏4
ヘロドトス『歴史』	44	31：13	伊 5　仏 4　独3
トゥキュディデス『歴史』	41	18：23	仏11　英 5　伊5
ポリュビオス『歴史』	36	18：18	仏 7　英 5　伊5

注）P. Burke, "A Survey of the Popularity of Ancient Historians, 1450-1700", *History and Theory*, 5(1966)より抄録．タキトゥス『ゲルマニア』，クセノポン『アナバシス』は他の作品と合本にされることが多く，数値から除外されている．タキトゥス『年代記・歴史』の対訳版は合計欄で1と数えられている．

スの教育』・今も人気の高いプルタルコス『対比列伝』・ヨセフス『ユダヤ古代誌』であるが、ギリシア語作品の最上位にあるヨセフスでさえ、ラテン語史書の最下位フロルス『ローマ史要約』の半分でしかなく、ラテン語一位のサルスティウス『カティリナの陰謀』(一八二回)、同『ユグルタ戦記』(二七一回)に遠く及ばない。ルネサンスはまずラテン文学の再生であったということになるが、ギリシア語テクストの版行が少ないのは活字作成の困難という問題もあったからで、そのような状況下でヘロドトスは健闘しているとも言えよう。

くすぶる嘘つき説

近代的なヘロドトス研究は一九世紀後半に始まるが、そこではまだ、ヘロドトスは自らの調査を書物にしたのではなく、先行文献を引用編集したのではないかとする懐疑論が根強かった。二〇世紀に入り、それまでの研究を集大成したヤコビの徹底的な分析論(六四頁参照)を経て、今日では伝承されたままの姿でヘロドトスを味わい解釈しようとする態度が優勢であるが、なお間歇泉のように「ヘロドトス嘘つき説」が噴き出すことがある。そのような議論を最も組織的に展開したのはデトレフ・フェーリンク(D. Fehling)の著書『ヘロドトスにおける情報源明示』で、その主張は、ヘロドトスが情報源を明示して記す話は文献から引いたものでも口承伝承を掬い上げたものでもなく、ほとんどすべて文学的創作である、とするものである。そしてその創作は、①事件の現場の住民や登場人物の関係者を情報源とする、②情報提供者が自分に不利なことを報告しなければならぬ場合には党派的立場を守る、③ヘロドトスが親しく接したとは思えぬ情報についても——適当な数値や固有名詞を挙げたり、ことさら無知を告白したりして——真実らしさを維持する、この三つの原則に基づいて行われているという。

たとえば、アテナイを目指して進撃するペルシア軍がアポロンの神託所デルポイを攻めた時、彼らの頭上を雷が襲い、パルナッソスの岩山が割れ落ち多数を押し潰したばかりか、神殿の内からは怒号と喊声が響いて来た。「私の聞いたところでは、生き残り無事陣営に帰り着いたペルシア人は、巨大な重装兵二人が彼らを追いかけ殺しまくったと語った」。一方、「デルポイ人は、現れた二巨人は土地に祀られる英雄〔半神〕ピュラコスとアウトノオスだと語った」(巻八・三八)。この記事についてフェーリンクは、そもそも現実にはありえぬ現象を両軍が等しく見たというのはおかしい、無事逃げ帰ったペルシア人にヘロドトスはどうしてうまく会えたのか——この点についてヘロドトスは、そのペルシア人に直接会ったとは言わず、狡猾にも「私の聞いたところでは」と逃げを打っている――、二巨人に追われ殺されたことはペルシア人が語り、二巨人の名前はデルポイ人が語るのは、情報源の振り分けがうまくできすぎている。これはデルポイ人の伝えるただ一つの話を、ヘロドトスが一部ペルシア人の視点から語ることでもっともらしさの効果を狙ったに違いない、というのである。

フェーリンクにとっては、二つ以上の情報源が示される話は必ずヘロドトスによるフィクションである。黒海東岸に住むコルキス人とエジプト人は、共に色が黒く髪が縮れている、同じ方法で割礼を行い亜麻を栽培する、したがって本来同一民族であったと述べるところで、ヘロドトスは「私はこの考えが頭に浮かぶとすぐに両方の民族に質《ただ》したのであったが、その結果、エジプト人がコルキス人を記憶している以上に、コルキス人はエジプト人のことをよく記憶していることが判った」（巻二・一〇四）と記す。またあるいは、プロコンネソス（マルマラ海に浮かぶマルマラ島の町）出身の詩人アリステアスに纏わる物語。彼はアポロンによって神憑りとなり、北方スキュティアの彼方イッセドネス人の国を訪れ、叙事詩『アリマスポイ（一つ目族）物語』を書いた人物であるが、プロコンネソス人の言うところによると、彼はある時、晒布《さらし》業者の店に入って急死したという。ところがその噂が町中に拡がった頃、キュジコス（マルマラ海南岸の町）から来た男が、途中でアリステアスに出会った、と主張した。さらにそれから二四〇年後、メタポンティオンの人が、町にアリステアスが現れたと伝えた、とヘロドトスは記す。このように二つも三つも情報源のある話はヘロドトスによるフィクションと認定されるのである。

論拠もなしにフィクションと決めつけられる場合も多い。

スキュティアでは彼らが飲用する乳を搾る作業のために奴隷をみな盲目にしてしまう。乳は次のようにして搾る。竪笛によく似た骨製の管を手にとり、これを牝馬の陰部に挿入し、口で吹いて膨ませ、一人が管を吹いている間に別の者が乳を搾るのである。なぜそのようなことをするかというと、牝馬の血管が吹き膨らまされ、それによって乳房が下へさがってくるのだという。

（巻四・二）

この習俗はヘロドトスの空想に出るものだ、とフェーリンクは言うが、牛の乳搾りの際に同様の処置が行われたことがスーダン南部のヌエル族やモンゴルのカルムク族についても報告されている。民族学関係の著書もあるフェーリンクがなぜこの事例に言及しないのか、不可解である。

フェーリンクの書が世に出て間もなく、私はこれを書評で批判する機会を持ったが（『西洋古典学研究』二二、一九七四年）、その後現れた英訳版（*Herodotus and his 'Sources'*, 1989）への著者序言によると、一九八三年まで原書はおおむね無視され、書評の対象となることも多くなかったという。しかし、一九九三年に至ってプリチェットによる詳細な反論の書（W. K. Pritchett, *The Liar School of Herodotos*）が現れている。

第Ⅱ部
作品世界を読む

世界を一つに見る『歴史』

第一章　主題と構想

時間の処理

『歴史』の読者がとまどうのは、事件から事件へ、話題から話題へといつの間にかヘロドトスの筆が移行し、脱線にしても、短いものはまだしも本筋を忘れるほど長いものもあって、今いつの時代のどの地域のことを読んでいるのか覚束なくなる時ではなかろうか。現代の歴史書を読み慣れた我々は、ヘロドトスの記事が絶対年代に繋ぎ止められていないことにとりわけ困惑を覚える。ただこれには一度だけ例外があって、ペルシア軍が無人のアテナイに侵入したのはカリアデスが執政官《アルコン》の年、すなわち前四八〇年のことであったと明示されるが、これは『歴史』もようやく終末に近づいた巻八・五一のことで、もし基準となる年代を提示するためであったとしたら遅きに失する。ここでヘロドトスが「カリアデスが執政官の年に」と明記するのは、たまたま情報源にあったままを記すのか、あるいはこの年が古代のオリンピック・イヤーに当たっていたので、援軍の足並みの揃わぬ理由として言うのであろうか。

ヘロドトスが使える年代表記法は未だ存在しなかった。前七七六年以来四年に一度夏に開催されたオリュンピア競技祭を基準にするオリュンピア紀年が案出されたのは、前四世紀末のことである。アテナイでは夏至の後の最初の新月（現在の七月頃）をもって一年の始まりとし、その年の執政官の名前で年代表示としたが、これは他の地域には適用できない。さらに歴史記述のスタイルとして、トゥキュディデスのような編年体も、中国古代の正史が拠る紀伝体もヘロドトスの眼前にはなかった。ヘロドトスは「歴史の父」となるために時間の処理方法も編み出さねばならなかったのである。

『歴史』の起点は「ギリシア人に対する悪業の口火を切った人物」（巻一・五）クロイソスがリュディア王となった前五六〇年、終点はペルシア軍のヨーロッパにおける橋頭堡セストスをアテナイ軍が陥れた前四七九年である。この八〇年の枠内に一万数千年のエジプトの歴史を収め、ギリシア人の知識の及ぶ限りの世界を語りこむために、ヘロドトスは極めて単純な方法を採る。この構想に気づきさえすれば、『歴史』は至って分かりやすい書となる。

その構想とは、ペルシア帝国四代の帝王の継起を軸に年代順に記述を進め、膨張主義を国是とするペルシアがある国と接触する都度、その国の歴史や風習に説き及ぶ、というものである。アケメネス朝を開いたキュロス、征旅の中に狂死したカンビュセス、簒奪者を倒して帝位に登ったダレイオス、『歴史』の主人公とも言うべきクセルクセス、この四人の事蹟が『歴史』の各巻でどのように記述されているかを表にしてみよう。

(一) キュロスの治世(前五五九―五三〇)
キュロス出生譚　巻一・九五―一一三　メディア史(前七〇〇―五五〇)を付す
メディアから独立　巻一・一二三―一二九
リュディア征服　巻一・六―九四　リュディア史(前一三五〇―五四六)・クロイソス物語を付す
小アジア征服　巻一・一四一―一七六
バビロン征服　巻一・一七七―二〇〇　バビロニア略誌を付す
マッサゲタイ遠征、敗死　巻一・二〇一―二一六

(二) カンビュセスの治世(前五三〇―五二二)
エジプト遠征　巻二・一、巻三・一―一六
エジプト誌　巻二・二―九八　国土・ナイル河・風習・宗教・動物
エジプト史　巻二・九九―一八二　初代ミン……モイリスまで三三〇王(一万一〇〇〇年以上)
セソストリス、ペロス、プロテウス……アマシスまで(前一四世紀―五二六)
エチオピア・アンモン遠征失敗　巻三・一七―三〇　エチオピア・マクロビオイ誌を付す
マゴス僧兄弟の謀叛　巻三・六一―七九

(三) ダレイオスの治世(前五二一―四八六)
サモス島攻略　巻三・一三九―一四九
バビロンの反乱、鎮圧　巻三・一五〇―一六〇
スキュティア遠征失敗　巻四・一―一四四　スキュティア古史(前一五〇〇―)を付す
　スキュティア以北の諸民族、スキュティア誌、世界の形状　巻四・一六―八二
総督アリュアンデスによるリビア攻撃　巻四・一四五―二〇五　リビア誌を付す
将軍メガバゾスによるトラキア・マケドニア攻略　巻五・一―二二　トラキア誌を付す
イオニアの反乱　巻五・二三―巻六・四二(前四九九―四九四)
マラトンの戦い　巻六・一〇三―一三一(前四九〇)

(四) クセルクセスの治世(前四八五―四六五／四。『歴史』の記述は前四七九まで)
エジプト反乱を鎮圧　巻七・七(前四八五)
テルモピュライの戦い　巻七・二〇一―二三九(前四八〇夏)
アルテミシオンの海戦　巻八・一―二三(前四八〇夏)
サラミスの海戦　巻八・五六―九六(前四八〇秋)
プラタイアの戦い　巻九・一九―九八(前四七九秋)

ミュカレの戦い　巻九・九九―一〇六（同日の午後）
アテナイ軍によるセストス占領　巻九・一一四―一二一（前四七九秋）

四人の帝王に割かれるスペースが次第に大きくなりつつ、時の経過と巻の進行が整然と対応しているが、一カ所だけ破綻が見られる。それはキュロスの前半生を叙す部分である。世界各地の建国伝説に見られるように、キュロスは棄児にされ、卑しい牛飼夫婦（あるいは犬）に育てられるが、長じてペルシアの支配者となり、主家にあたるメディアを倒す（六〇頁参照）。ペルシアの国勢は日に日に増し、やがて西方に富強を誇るリュディアと対決し、これを滅ぼしてクロイソスを捕虜とする。

これがキュロス誕生以来の自然な時の流れであるのに、『歴史』ではリュディアとペルシアの戦いが真っ先に、しかもペルシアではなくリュディア側の視点から語られる。しかし、シンプルで見えやすい構想を綻びさせてまで記述の順序を入れ替えるには、ヘロドトスに特別な意図があったに違いない。

クロイソス物語

クロイソス（在位前五六〇頃―五四六頃）の登位からソロンとの幸福問答を経て、キュロスとの戦いに敗れるまでの部分は「クロイソス物語」（巻一・二六―九二）と呼ばれ、『歴史』の中でも特別の地位を与えられている。ヘロドトスがこれを巻頭に置いた理由は幾つも考えられるが、まずはヘロドトス自身

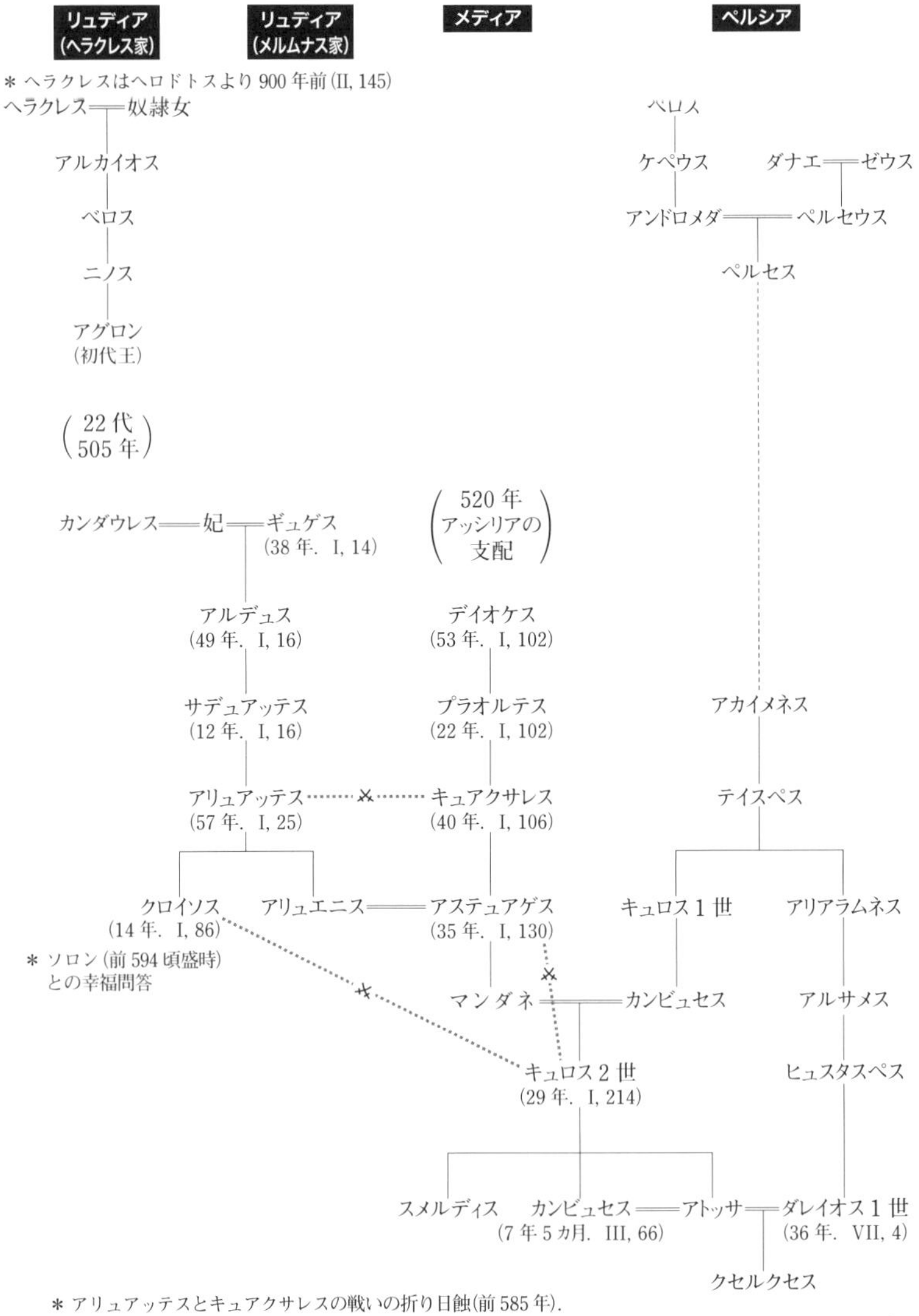

＊アリュアッテスとキュアクサレスの戦いの折り日蝕（前585年）.

＊マラトンの戦い（前490年）の後3年間遠征準備. 4年目エジプト反乱, ダレイオスの死（前486年. VII, 4）. 翌年, クセルクセスのエジプト平定, 4年間遠征準備, 5年目ギリシアに向け発進（前480年. VII, 20）.

図1——諸王家の系図

言うように、クロイソスが「ギリシア人に対する悪業の口火を切った人物」だからである。クロイソスの先代、アルデュス・サデュアッテス・アリュアッテスも隣接するギリシア人都市に進攻しているが、征服して朝貢を強いたのはクロイソスが初めてなのである。『歴史』をギリシア人と異民族《バルバロス》の戦いの歴史と見た場合、確かにクロイソスは最初に語られるにふさわしい。

次に、クロイソスはヘロドトスの時代から三世代一〇〇年ほど昔の人物で、ギリシア人は祖父母の昔語りの中でその名を聞くことができたこと。三世代一〇〇年というのは伝聞体験の及ぶ極限として、今と昔の敷居となったであろう。クロイソスが世界一豪華な宝物をデルポイのアポロン神殿に奉納したことはよく知られていたばかりか、その宝物をヘロドトスの時代の人々は目のあたり見ることもできたから、クロイソスはむしろ今の人と意識されていたかもしれない。

しかし「クロイソス物語」が巻頭に置かれる最も大きな理由は、これがクロイソスの興隆から没落までを描いて、後のペルシア帝王の栄枯盛衰の範例《パラデイグマ》になっていることである。

王位を継いだクロイソスは小アジア沿岸のギリシア人都市を次々に服属させると、島々の征圧に乗り出そうとするが、プリエネのビアス(あるいはミュティレネのピッタコス。共にギリシア七賢人の一)の諷諫を容れて思いとどまり、島々とは友好同盟を結ぶ。ハリュス川(現トルコのクズルルマク川)以西、アジアの西半分を支配下に収めて得意の絶頂にあるクロイソスの許へアテナイの立法家ソロンが訪ねて来る。クロイソスは自慢の宝物庫を客人に見せた後、この世で一番仕合わせな人間に会ったかどうかを尋ねる。ソロンは第一にテッロス(繁栄した国に生まれ、子や孫に恵まれ、祖国を守って名誉の戦死を遂げた)を、第二にはクレオビスとビトンの兄弟(体力に恵まれた孝行者で、人間にとり最善のものである死を神から賜わった)を挙げ、人は終わりを見るまでは幸福とは言えぬと説いて立ち去った。自分こそ世界一幸福だと思い上がっていたクロイソスには神罰が下る。すなわち、息子アテュスが槍に刺されて死ぬ夢を見て、それを回避すべく手だてを尽くしたにもかかわらず、夢が正夢となったのである。クロイソスが二年の喪に服している間に、ハリュス川の東を占めるペルシアがキュロスのもとで日に日に強大となり、対決が避けがたくなる。遠征準備を進めるクロイソスに対して賢者サンダニスが、粗衣粗食に甘んじるペルシアに勝ったとて得るものは何もなく、一方敗れれば富める国を失う、と言って出兵を諫めるが、クロイソスは聞き入れない。そして、デルポイのアポロンより「ペルシアに出兵すれば大帝国を滅ぼすであろう」という神託を受け、大帝国とは自分の国だとは夢にも思わず、ハリュス川という越えてはならぬ埒を越えるのである。

この時の合戦は勝敗決せず、クロイソスはサルディスに引き上げ軍を解くが、キュロスは反攻に転じ、包囲一四日の後にサルディスを陥れる。キュロスは捕らえたクロイソスをリュディアの子供一四人と共に巨大な薪の山に登らせ焚刑に処す。この時クロイソスは、「人間は生きている限り、なにびとも幸福であるとはいえない」とのソロンの言葉を思い出し、三度その名を呼んだ。薪の火は燃え熾《さか》るが、クロイソスが救いを求めてアポロンに祈ったところ、沛然として豪雨が来たり火を消した。生き延びたクロイソスは、キュロスおよび次代のカンビュセスに忠告者として仕えることになる。

ちなみに、バッキュリデス『祝勝歌』三番の話型では、敗れたクロイソスは妻や娘たちと共に我から薪の山に登り自裁しようとするが、ゼウスが黒雲で火を消し、アポロンが父娘をヒュペルボレオイ（極北人）の国に運んで住まわせたという。この祝勝歌は前四六八年、オリュンピア競技祭の戦車競走で優勝したシュラクサの僭主ヒエロンを称えるものであり、デルポイに夥しい宝物を奉納したヒエロンの先例としてクロイソスの運命が歌われている。バッキュリデスはヒエロンの来世を祝福するために、先例としてのクロイソスをアポロンの愛する理想的な他界（極北人の国）に住まわせる必要があったのである。本書冒頭の口絵の壺絵は、王冠を戴き悠然と従者に点火を命じるクロイソスを描いているので、バッキュリデスの話型に基づく絵だと考えられている。

クロイソス物語はしかし、史実とは考えられない。そもそも、ソロンとクロイソスの会見という設定に無理がある。ソロンはアテナイ市民に要請されて法律を制定した後、一〇年間は法を変えぬと誓約させた上で外国見物の旅に上る、これが前五九四年頃と考えられる。一方、クロイソスが王座にあるのは前五六〇年から一四年間で、この頃にはソロンはかなり高齢になっていたであろう。また、サルディス陥落後のクロイソスの消息も不明で、バッキュリデスの言うように極北人の国に住む、つまりこの世からは去ったと考える方が自然かもしれない。しかしヘロドトスは、ちょうどソロンがクロイソスの忠告者であったように、クロイソスをキュロスの忠告者として生き延びさせることによって、この後に描かれるキュロス像の理解を助けようとするのである。ここでのヘロドトスは、歴史事実より歴史の意味を明らかにすることに意を用いている。

『歴史』のキー概念

クロイソス物語を範例《パラデイグマ》としてペルシア帝王の栄枯盛衰がどのように記述されていくかは第三章で具体的に見ることになろう。クロイソス物語はまた、『歴史』を読む上で重要なキー概念を幾つか予告している。それはソロンの口から語られるが、『歴史』の中で繰り返し現れるものであるので、ここで抜き出しておくのが有益であろう。

「クロイソス王よ、あなたは私に人間の運命ということについてお訊ねでございますが、私は神と申すものが嫉み深く、人間を困らすことのお好きなのをよく承知いたしております」(巻一・三二)。

「人間の身としてすべてを具足することはできぬことでございます。国にいたしましても、必要とするすべてが足りているようなところは一国たりともございませぬ。あれはあるがこれはない、というのが実情で、一番沢山ある国が、最も良い国ということなのでございます」(巻一・三二)。

これに加えて『歴史』全体から、ヘロドトスの根本思想に関わる章句を取り出しておこう。叙述部分に現れるものもあるが、ヘロドトスが登場人物の口に語らせる場合が多い。

「というのも、かつて強大であった国の多くが、今や弱小となり、私の時代に強大であった国も、かつては弱小であったからである。されば人間の幸運が決して不動安定したものでない理《ことわ》りを知る私は、大国も小国もひとしく取り上げて述べてゆきたいと思うのである」(巻一・五)。これは『歴史』の第一序文と呼ばれるものの一部で、ヘロドトスの意図が明快に述べられている。

「私の受けた災難《パテーマ》は辛いものではあったが、よい教訓《マテーマ》になりました。……王御自身もまた王が号令なされる者どもも、みな人間であることを弁えておいでならば申しますが、先ず人間の運命は車輪のようなもので〔直訳、人間に関わる事柄の車輪があって〕、くるくると廻りつつ、同じ者がいつまでも幸運であることを許さぬものだということをご承知なさいませ」(巻一・二〇七)。今やキュロスの忠告者となったクロイソスの言葉である。

「思うになにか神の摂理の如きものがあって――それは当然叡知に充ちたものであるはずであるが――、性臆病で他の餌食とされるような生物は、食い尽されて絶滅するのを防ぐためにすべて多産に創り、獰猛で害毒を及ぼすようなものは、その繁殖力を弱められたのであろうか」(巻三・一〇八)。

「殿も御存じのごとく、動物の中でも神の雷撃に打たれますのは際立って大きいものばかりで、神は彼らの思い上りを許し給わぬのでございますが、微小のものは一向に神の忌諱にふれません。また家や立木にいたしましても、雷撃を蒙るのは常に必ず最大のものに限られておりますことは、これまた御存じのとおりで、神は他にぬきんでたものはことごとくこれをおとしめ給うのが習いでございます、大軍が寡兵に敗れますのも同じ理で、例えば神が大部隊の勢威を憎まれて兵士らの心中に恐怖の念を生ぜしめ、あるいは雷鳴を轟かせて脅かされますと、さすがの大軍勢もあえなく潰滅いたすのがそれでございます。神明は御自身以外の何者も驕慢の心を抱くことを許し給わぬからでございます」(巻七・一〇)。これはペルシア大王クセルクセスが重臣会議でギリシア遠征の意図を明らかにした時、賛成意見と阿諛の沈黙の中で、ただ一人叔父のアルタバノスが大王を窘《たしな》める言葉である。松平訳の「神は他にぬきんでたものはことごとくこれをおとしめ給う」のところ、直訳すれば「切り平げ給う」であり、「神が大部隊の勢威を憎まれて」の原語は嫉み（phthonos プトノス）の動詞形であることだけを、ここでは注意しておきたい。

「かくして煩い多い人生にありましては、死こそ人間にとり何にもまして願わしい逃避の場となりますわけで、かくてはわれらに人生の甘美の味を味わわせて下さった神の御心は、実は意地の悪いものであると申せましょう」（巻七・四六）。これもアルタバノスのクセルクセスに対する言葉である。ペルシア軍がアビュドスに到着し、アジアとヨーロッパを隔てるヘレスポントス海峡を渡るに先立ちクセルクセスは閲兵を行うが、海面を蔽い尽くす艦船、平原に満ちわたる軍兵を眺めて、わが身の幸せを自ら祝福したかと思うと、やがて落涙した。これを見て訝しく思ったアルタバノスがクセルクセスと、人の命のはかなさについて語り合う場面である。なお、松平訳「神の御心は、実は意地の悪いもの」は、直訳すると「嫉み深いもの」である。

「柔らかい土地からは柔らかい人間が出るのが通例で、見事な作物と、戦争に強い男子とは、同じ土地から生ずるわけにはゆかぬ」（巻九・一二二）。これはアケメネス朝ペルシアを開いたキュロス大王の遺訓である。

主題をめぐる諸説

以上のようなキー概念をもってヘロドトスが世界を眺め歴史を考察していることは、『歴史』を少し注意して読めば随所で気づかれるであろうが、では『歴史』の主題は何かとなると、諸家の見解は必ずしも一致していない。ポーレンツ(M. Pohlenz)のようにギリシア人とペルシア人の対立抗争を描くことが中心主題であるとするのは、序文に則した素直な見方で間違いとも言えないのであるが、ペルシア戦争を記述するヘロドトスの、記述の先にある意図は何であったのか、ということも問うてみたくなる。とはいえ、二〇世紀初めの学者のように、露わな政治的主張を『歴史』に読みとろうとする態度も感心しない。たとえばマイヤー(E. Meyer)は、ペロポネソス戦争が勃発し、その昔《かみ》ペルシア戦争におけるアテナイの功績が貶められ否定さえされるようになったことがヘロドトスに『歴史』を書かせた。したがって『歴史』は高度に政治的な闘争の産物だ、と考えた。確かに『歴史』には「アテナイ贔屓」の批判を誘引するこのような文章がある。

さてここで私としては、必ずや大多数の人々の不興を買うであろう見解をどうしても述べねばならない。……もしアテナイ人が迫りくる危難に怯えて祖国を放棄していたならば――、またよし放棄しなかったとしても留まってクセルクセスに降伏していたとすれば、海上でペルシア王を迎え撃たんとする者は皆無であったろう。海上でクセルクセスに当る者がなければ、陸上における情況は次のようなものとなったに相違ない。……かくてアテナイがギリシアの救世主であったといっても、それは真実の的をはずれたものとはいえぬであろう。……ギリシアの自由を保全する道を選び、ペルシアに服せずに残ったあらゆるギリシア人を覚醒させ、神々の驥尾《きび》に付してペルシア王を撃退したものこそこのアテナイ人にほかならなかった。

(巻七・一三九)

しかしヘロドトスは、アテナイ人がミレトスの独裁者アリスタゴラスに騙されてイオニアの反乱に荷担したことを皮肉り、「軍船二〇隻の援軍派遣がギリシアとペルシアにとって不幸な事件の発端となったのである」(巻五・九七)と明言したり、アテナイ海軍の指揮官テミストクレスを批判的に描いたりして、決してアテナイ一辺倒ではない。

またたとえばヤコビ(F. Jacoby)は、『歴史』はギリシア民族の現在と未来についての政治的関心から生まれたもので、超大国ペルシアに隣接してギリシアが生き延びるためにはアテナイを宗主とする他ないことを主張する、と説いた。マイヤーやヤコビは一九世紀の歴史書がそうであったように、ヘロドトスの『歴史』も政治的でなければならないと考えており、これでは『歴史』を矮小化することになる。これよりはフォーナラ(Ch. W. Fornara)の見方、『歴史』が確たるパターンによって記述されていることからして、ヘロドトスは体験を通して歴史的必然の考えを摑んでいたにちがいなく、それを過去の説明としてではなく同時代への緊急事として語ること、すなわち、戦争の不可避性という悲しい認識を伝えることこそ彼の意図であった、とする方が真に近いように思われる。しかし私の考えは第三章で、クロイソス物語を範例《パラデイグマ》としながら、そしてキー概念も織り込みながら、ペルシア帝王の栄枯盛衰がどのように描かれているかを検討した上で述べたい。

キー概念と同じく繰り返し現れ、『歴史』全体の主題というほどではないものの、ヘロドトスの思想を表明していると思われる四つの論点を挙げておこう。

自由対隷属

ペルシア戦争は民主政対君主専制、自由対隷属の戦いであった、とよく言われるが、果たしてそれだけであろうか。確かにギリシア側、とりわけアテナイとスパルタについては自由が強調される。アテナイは古く王政であった頃、あるいは海岸党(富裕商人)と平原党(貴族)に加えてペイシストラトスの山岳党(農牧民)が内紛を繰り返していた頃(前六世紀)には、しばしば外国勢力の介入を招いていたが、独裁者から解放されるに及んで強大となった。「かくてアテナイは強大となったのであるが、自由平等ということが、単に一つの点のみならずあらゆる点において、いかに重要なものであるか、ということを実証したのであった。というのも、アテナイが独裁下にあったときは、近隣のどの国をも戦力で凌ぐことができなかったが、独裁者から解放されるや、断然他を圧して最強国となったからである」(巻五・七八)。ちなみにヘロドトスはこの理由として、人は独裁者の圧政下にある時は故意に卑怯な振舞いをするが、自由になれば自分自身のために働く意欲を燃やすからだ、と述べている。これはヒポクラテス『空気、水、場所について』一六の観察と似通うものである。

スパルタについては、ヘロドトスはスパルタ人とペルシア人がこの問題で対話する場面を設けている。スパルタ王デマラトスは政争で王位を奪われ、敵国ペルシアに亡命してダレイオス大王に庇護され、その子クセルクセス大王の相談役としてギリシア遠征軍に従っている。一人一人が自由であるというスパルタ人が、強制もされぬのに何百万というペルシアの大軍とあえて戦うであろうか、と大王より下問されてデマラトスは、「彼らは自由であるとはいえ、いかなる点においても自由であると申すのではございません。彼らは法《ノモス》と申す主君を戴いておりまして、彼らがこれを怖れることは、殿の御家来が殿を怖れるどころではないのでございます。いずれにせよ彼らはこの主君の命ずるままに行動いたしますが、この主君の命じますことは常に一つ、すなわちいかなる大軍を迎えても決して敵に後《うしろ》を見せることを許さず、あくまで己れの部署にふみとどまって敵を制するか自ら討《う》たれるかせよ、ということでございます」(巻七・一〇四)と答えるのである。あるいはまた、殺されることは承知で祖国のためにペルシア宮廷への使節に立ったスパルタ人スペルティアスとブリスは、ペルシア軍司令官からその勇気を賞賛され、ペルシア大王に臣事してギリシアを支配するがよいと勧められて、「ヒュダルネス殿、われらに対するあなたの御忠告は片手落ちと申すものです。御忠告下さるあなたは、なるほど一面のことは経験済みでおられるが、別の一面のことには未経験でおいでになる。すなわち奴隷であることがどういうことかは御存じであるが、自由ということについては、それが快いものか否かを未だ身を以て体験しておられぬのです」(巻七・一三五)と答えるのである。

このような例をもとにしてギリシアの自由と東方の隷属が対比されたり、自由はギリシア人しか知らぬものとされたりもするが、必ずしもそうではない。「アッシリアは五二〇年にわたって上アジアを支配したが、アッシリアから離反の口火を切ったのはメディア人であった。ともかくメディア人は自由のためにアッシリア人と勇敢に戦い、遂にアッシリアの桎梏をはねのけて、自由を獲得したのであった」(巻一・九五)。次にはそのメディアに支配されるペルシアが、キュロスの指導のもと、自由を求めて蜂起する(巻一・一二六)。ある貴族がキュロスに向かって、「われらペルシア国民が奴隷の境涯から自由の身となり、他国人の支配を受ける立場からあらゆる民族を支配する境遇になれたのも、みな殿様のお蔭でございます」(巻一・二一〇)と言うとおりである。

このように、ヘロドトスによるとペルシア人も自由を熱望していた。ただしそれは、他国の支配からの独立・自由であって、ペルシア大王が国民に自由を認めたわけではない。そのことは例の政体論議(四二頁参照)の中でのダレイオスの発言に端なくも現れている。ダレイオスは、独裁者キュロスがメディアからの自由をペルシア人に与えてくれた、それ故、今後もペルシアは独裁政で治められなければならぬ、と主張するのであった。

富と貧困

その昔、プリュギア王ミダスは山野の精シレノスより、手に触れるものすべてを黄金に変える能力を授けられたが、口に運ぶものまで金に変じては飢える他なく、ディオニュソスの教えのままにパクトロス川(ヘルモス川の支流)で身を濯ぎ事なきを得た。それ以来、パクトロス川は砂金を産し、首都サルディスを流れてリュディアを富ませた。この国の最後の王クロイソスとその高祖父ギュゲスは、夥しい金銀財宝をデルポイのアポロン神殿に奉納したことで知られ、その富は抒情詩人アルキロコス(前七世紀半ば)が、黄金に満ちたギュゲスの富など気にならぬ。
嫉《ねた》ましと思ったことも絶えてなく、神様の
なされることも羨まず、大いなる王権も欲しくない。
俺の目から遠く離れたものだもの。
（断片一九 West）

と歌っている。ギリシアの貧困・質素と東方の富・贅沢はしばしば対比されるところであるが、ヘロドトスは一歩を進めて、この論点を独得の仕方で扱っている。すなわち、持てる者が持たざる者を攻めて滅びる、というパターンを明確に打ち出しているのである。『歴史』の冒頭近く賢者サンダニスはクロイソス王に対し、無花果《いちじく》も葡萄酒も知らず粗衣粗食のペルシアを攻めて、勝ったとて得るものはなく、負ければリュディアの富を失うと諭したが（巻一・七一）、クロイソスは従わず、ペルシアと戦って滅びた。時移り、今や贅沢な生活を享受するようになったペルシアが、そのようなものを一切知らぬマッサゲタイ（巻一・二〇七）を攻めて敗れる。そしてペルシア戦争そのものが、世界中から富を吸いあげるペルシア（巻三・九〇以下）が貧困を友とするギリシア（巻七・一〇二）に攻め入る戦いなのである。プラタイアの戦いでペルシア軍を撃退した後、スパルタの将軍パウサニアスは料理人に命じ、ペルシア風の料理とスパルタ人の普段の食事を作らせた上、指揮官たちを呼び集めて、「ギリシア人諸君、そなたたちに集まってもらったのは外でもない。このような生活をしながらこれほど乏しい暮しをしているわれわれから物を奪おうとしてやってきた、あのペルシアの指揮官の愚かさを、そなたたちの目の前に示したかったのだ」(巻九・八二)と言うのである。

異文化理解

ギリシア語のbarbaros(バルバロス)は本来は、鳥の囀《さえず》りにも似た不可解な言語をしゃべる異国人というほどの意味であったが、ギリシア人がペルシア戦争に勝利し、東方の大帝国への恐怖が優越感に変じるにつれ、バルバロスといえば専らペルシア人を指すようになり、さらにはアテナイのアクロポリスを占領し神殿に火を放ったペルシア人すなわち野蛮人という等式ができあがる。アテナイはペルシア人の再来寇に備えてデロス同盟を結成したが(前四七八/七年)、同盟基金の徴発を正当化するために、ペルシア人=野蛮人キャンペーンを大いに進めたに違いない。こうしてギリシア的中華思想が増長する中でも、ヘロドトスの異民族を見る目は極めて公正である。プルタルコスのエッセイ『ヘロドトスの悪意について』はヘロドトスを異民族贔屓《ピロバルバロス》と非難したほどであるが、ヘロドトスとすれば世界を広く旅すればするほど、多くを見れば見るほど、民族文化の固有性への尊敬の念が強くなったのであろう。このことを最もよく示すのは、有名なダレイオスの質問のエピソードである。

ある時ダレイオスが側近く仕えるギリシア人を召して、どれほど金銭を貰ったなら死んだ父親の肉を食う気になるか、と尋ねたところ、ギリシア人はいかほど積まれようとそのようなことはせぬ、と答えた。次に大王が、両親の肉を食う習慣をもつインドのカッラティアイ族の者を呼び、どれほどの金を貰えば父親を火葬にすることを承知するか、と問うたところ、彼らは大声をあげて、口を慎しんでいただきたいと抗議した、というのである(巻三・三八)。ヘロドトスはこれに関して、「慣習の力はこのようなもので、私にはピンダロスが「慣習《ノモス》こそ万象の王」と歌ったのは正しいと思われる」と付言すると共に、エジプト人の宗教や神像を愚弄したカンビュセス王を、精神が錯乱していたとしか思えない、と断じている。

ヘロドトスが葬送儀礼の比較をダレイオスに行わせたのには意味がある。ペルシア帝国の西隣に住むギリシア人と東端に住むインドの一部族が世界の中心で会し、世界の両端ではどれほど違った習俗が行われているかを示しあう、という設定により、ヘロドトスは習俗の多様性を語りたかったのであろう。彼は諸民族の結婚や葬送に纏わる珍しい習俗を多数紹介しながら、それに驚きこそすれ、決して批判したり笑ったりはしない。「実際どこの国の人間にでも、世界中の慣習の中から最も良いものを選べといえば、熟慮の末誰もが自国の慣習を選ぶに相違ない。このようにどこの国の人間でも、自国の慣習を格段にすぐれたものと考えているのである」(巻三・三八)。

戦争と平和

『歴史』は異民族同士、ギリシア人同士、そしてギリシア人と異民族との戦いの記述に満ちているが、ヘロドトスはそれを帝国や都市の問題として語るだけではなく、戦時下における個人の悲劇にも筆を割くことを忘れていない。

唯一人生き残ればどうなるか。スパルタとアルゴスがテュレアという地を巡って争った時（前六世紀半ば）、双方三〇〇人ずつの戦士を戦わせて決着をつけることになった。日没に及び矛を納めた時、アルゴス側では二人が生き残り、勝ったと思って引き上げた。スパルタ側では残ったのはオトリュアデス一人であったが、敵の武具を奪って帰った。翌日両軍が戦場に会し、互いに勝ちを主張して譲らず、再び激戦となり、多数の死者を出した後、スパルタ人が勝った。これ以後アルゴス人は頭を丸坊主にして、テュレアを奪回するまでは髪は伸ばさぬと誓った。一方オトリュアデスは、一人スパルタに帰ることを恥じて戦場で自決した（巻一・八二）。アテナイの船隊がアイギナ島を攻めた時、同じドーリス系のアルゴスが救援に駆けつけ、アテナイ軍を潰滅させた。唯一人助かりアテナイに帰った男を未亡人たちが取り囲み、服の留針で刺しながら夫はどこだと問いつめ、殺してしまった。それ以来、アテナイ女の衣裳は留針を使わないイオニア式のものになったという（巻五・八七）。テルモピュライの戦いで数百万のペルシア軍を邀撃《ようげき》したスパルタ兵三〇〇の中、エウリュトスとアリストデモスは重い眼病を患っていたため、レオニダス将軍の許しのもと陣地を離れて臥せっていた。激戦となるや、エウリュトスは従者に手を引かせて戦場に戻り討死にし、アリストデモスは帰国したものの、火を貸す者も言葉をかける者もなく、恥辱を加えられたが、後のプラタイアの戦いで汚名を雪いだ。もう一人、伝令として他出していたため生き残った男も、スパルタへ帰り恥辱を加えられて縊死して果てた（巻七・二三二）。

兵役免除を願い出るとどうなるか。ダレイオスのギリシア遠征に際し、オイオバゾスなるペルシア人が、三人の息子が出征することになるので一人だけ残してほしいと請願した。ダレイオスは全員残してやろうと答え、ことごとく死体にして後に残した(巻四・八四)。クセルクセスの遠征軍がリュディアを通過しようとする時、大富豪ピュティオスが大軍勢を饗応した上、全財産を戦費として寄付することを申し出た。大王は大いに喜び、ピュティオスの財産をさらに増して報いた。気をよくしたピュティオスが五人の息子のうち長男の軍務免除を願い出たところ、クセルクセスは激怒し、長男の体を真二つに断って道の左右に置き、その間を軍隊に通過させた(巻七・三九)。

前五世紀は戦争のない年とてない一〇〇年であった。そのような時代を対象にするヘロドトスは戦争を描かざるを得なかったし、戦争になれば個人が不可抗の力でそこに巻きこまれることを知っていた。戦争を描きながらもヘロドトスの心は、亡国の王クロイソスのこのような言葉にあったのではないかと思う。

平和より戦争をえらぶほど無分別な人間がどこにおりましょうや。平和の時には子が父の葬いをする。しかし戦いとなれば、父が子を葬らねばならぬのじゃ。　(巻一・八七)

別のところでもヘロドトスは、「実際内紛が挙国一致の戦いに劣る程度は、戦争の平和に劣る程度と変らない」(巻八・三)と述べている。平和な時こそ子供が育ち次の代《よ》が栄えることは、「若者を育てる平和《エイレーネー》」(ヘシオドス『仕事と日』二二八)、「若者を育てる神、富を授ける平和《エイレーナー》」(エウリピデス『バッカイ』四一九―四二〇)等の表現にも見ることができる。

『歴史』の未完説

『歴史』にはペルシア戦争以後の出来事(巻八・三、巻九・六四、巻七・一〇六および一五一、巻六・九八等)、さらにはペロポネソス戦争勃発(前四三一年)以後の事件が付随的に言及されることがある。たとえば、「なお、ずっと後のことであるが、レオンティアデスの息子のエウリュマコスは、テーバイ軍四〇〇〇を率いてプラタイアの町を占領した際、プラタイア人の手にかかって殺されたのであった」(巻七・二三三)というのは、トゥキュディデス『歴史』(二・二以下)にも詳述される事件で、前四三一年春のことである。「これよりずっと後になってアテナイとペロポネソスとの間に戦争が起った時に至っても、スパルタ軍はアッティカの他の地区は荒らしても、デケレイアのみには手を触れなかったほどである」(巻九・七三)は説明の必要がない。『歴史』巻七・一三七が最も新しい前四三〇年晩夏の事件を記し、トゥキュディデス『歴史』(二・六七)に対応するものであることは、一五頁に記したとおりである。

このように、ヘロドトスは十数回にわたってペルシア戦争以後の出来事に触れることがあるものの、前四七九年秋のアテナイ軍によるセストス占領をもってペルシア戦争の終結と見、それ以後の歴史を書く意志がなかったことは明らかである。

プラタイアの戦いを記述(巻九・一九―九八)した後、『歴史』の終幕は足速にやってくる。プラタイアと同じ日の午後にミュカレ(小アジア西岸)の戦い、ペルシア軍の敗走(九九—一〇六)。サルディスを経て王都スーサに帰還するクセルクセス、弟マシステスの妻および娘に対するクセルクセスの横恋慕、それを知った王妃アメストリスの凄惨な仕打ち、マシステスの討伐(一〇八—一一三)。アテナイ軍によるセストス占領、総督アルタユクテスの捕捉と磔刑(一一四—一二〇)。そしてヘロドトスはこのように記す。

アテナイ軍は右の措置をとってからギリシアへ帰航したが、持ち帰った貴重品の中には、船橋に用いられた綱具もあり、彼らはこれを神殿に奉納しようと思ったのである。この年には右のこと以外には格別の事件はなかった。

(巻九・一二一)

クセルクセスはギリシア遠征に先だってヘレスポントス海峡に橋を架けた。アジア側のアビュドスとヨーロッパ側のセストスを結ぶ最短距離七スタディオン(約一二四〇メートル)——一八一〇年五月、バイロンはここをセストス側から七〇分かけて泳いだ——に七〇〇隻ほどの船を二列に並べ、白麻とパピルスの綱で両岸を繋ぎ、丸太と土を積み乗せて人馬の通る道を造ったのである(巻七・三六)。自然が隔てるアジアとヨーロッパをクセルクセスは人為的に繋いだのであるが、この船橋が破壊されることは自然の秩序の回復を意味し、アテナイ軍が綱具を神殿に奉納するのは、ペルシア戦争の終結を象徴するのにまことにふさわしい。しかもそれに続く「この年には右のこと以外には格別の事件はなかった」の一文は、トゥキュディデス『歴史』の定形句「トゥキュディデスが記述した戦争の第何年は終わった」が一年の終わりを示すように、一書を締めくくるもののように見える。

ところが、ヘロドトスはこの後にさらにエピソードを書き加えるのである。それは時代を溯ること七〇年、キュロスがアステュアゲスを倒してメディアから独立した頃のことである。アテナイ軍によって磔刑に処せられたアルタユクテスの先祖にあたるアルテンバレスが、今やアジアの覇者となったペルシアはこんな狭い荒地に住むべきではなく、支配者らしくもっと良い土地に移るべきだと考えた。ペルシア人がこの考えをキュロスに具申したところキュロスは、もしそのようにすればペルシア人はもはや支配者とはなれず他の支配を蒙らねばならぬ、柔らかい土地からは柔らかい人間が出るのが通例で、見事な作物と、戦争に強い男子とは、同じ土地から生ずるわけにはゆかぬ、と答えた。「かくしてペルシア人たちは、自分たちの考えがキュロスに及ばなかったことを認めて、キュロスの前を引き下り、平坦な土地を耕して他国に隷従するよりも、貧しい土地に住んで他を支配する道の方を選んだのであった」(巻九・一二二)。

これがヘロドトス『歴史』が記す最後のエピソードであり、最後の文章である。先に私は、「この年には右のこと以外には格別の事件はなかった」の一文が一書を締めくくるもののように見えると言ったが、実はこれについては正反対の解釈がある。つまり、これは「この年にはこれだけであったが、次の年には云々」という表現の前半であり、後半が書かれていない、したがって『歴史』は未完である、というのである。最終章に至って突如、七〇年ほど昔のキュロスのエピソードが持ち出され、いかなる関連でそれが持ち出されたかも明かされぬまま記述が終わることも、未完説を促すように思われる。

しかし私は、キュロス・エピソードは第二序文の変奏として、ヘロドトスの熟慮のもとに最終章に置かれた、したがって『歴史』はこれで完結している、と考える。第二序文では「かつて強大であった国の多くが、今や弱小となり、私の時代に強大であった国も、かつては弱小であった」(巻一・五)と述べられるが、これは、叡知に充ちた神の摂理のお蔭でこの世界には素晴らしい均衡が実現されている、とするヘロドトスの思想を表している。すなわち、人間の幸運も国の繁栄も決して同じ所に止まることなく、遷移することによって均衡ある世界が存続していく、換言すれば、時間の経過の中で世界の均衡が実現される、という思想である。他方、「見事な作物と、戦争に強い男子とは、同じ土地から生ずるわけにはゆかぬ」という最終章の言葉は、世界を共時的に見た場合の均衡を説いている。ヘロドトスはいわば通時的および共時的に見た世界の均衡を、『歴史』のキー概念として第二序文と最終章で提示することにより、『歴史』の円環構造(リング・コンポジション)を完成させたと考えられるのである。

共時的に見た世界の均衡は『歴史』の随所で語られ、世界の均衡を通時的に見ることを私は「キュクロス観」と名づけるのであるが、その詳細は第三章で説きたい。

第二章　口碑蒐集と『歴史』の主題

ヘロドトスは広く旅して多くの情報提供者から聞き取りを行ったが、そうして『歴史』に書きこまれた話の中には、今日の用語で言えば昔話や伝説とすべきものが多い。伝説と昔話の定義を始めると藪の中に踏みこむ惧れがあるが、私は比喩的な区別で満足している。グリム（『ドイツ神話学』）は、「昔話〔メールヒェン〕は伝説〔ザーゲ〕よりも自由に場所の固着から免れている。それは伝説を限定もするが、それだけ信じうべきものにもしている。昔話は飛行する、伝説は歩行する」と説明する。同じことを柳田国男（『日本の伝説』）は、「昔話は動物の如く、伝説は植物のやうなものであります。昔話は方々を飛びあるくから、どこに行つても同じ姿を見かけることが出来ますが、伝説はある一つの土地に根を生やしてゐて、さうして常に成長して行くのであります。雀や頬白は皆同じ顔をしてゐますが、梅や椿は一本一本に枝振りが変つてゐるので、見覚えがあります。可愛い昔話の小鳥は、多くは伝説の森、草叢の中で巣立ちますが、同時に香りの高いいろ〳〵の伝説の種子や花粉を、遠くまで運んでゐるのもかれ等であります」と敷衍している。伝説や昔話にはもちろん、神話も隣接している。それらが混然と生きている世界をヘロドトスは旅したようである。この章では、ヘロドトスは歴史として記述しているけれども、その実神話・伝説・昔話と見なすべきものの例を挙げ、さらには、そのような話の中にも『歴史』の主題が隠されている場合があることを指摘したい。

神話的モチーフ

スパルタは遠くヘラクレスに溯る二つの王家から王が出る両王制を採っていたが、ある王について ヘロドトスはこんな話を記している。アリストン(前六世紀末)には二人の妻があったが子がなく、親友の妻を奪って三番目の妻としたところ、この女が一〇カ月を待たずにデマラトスを生んだ。後年、デマラトスは王の子ではないと弾劾され王位を剝奪されて、真実を語るよう母親に迫った。母親が誓言して言うには、アリストンの家に来て三日目の夜、夫の姿をした者が訪れ、枕を交わしてから花冠を残して去ったが、ほどなくまた夫がやって来た。後日その花冠は英雄アストラバコスの社にあったものだと判明したので、デマラトスの父は英雄アストラバコスか、さもなくばアリストンである、というのである(巻六・六九)。

これは正に先祖の英雄ヘラクレスの誕生神話そのものである。ゼウスはアンピトリュオンの姿に化してその妻アルクメネに通うが、間もなくアンピトリュオン当人が遠征から戻ってくる。アルクメネはヘラクレスとイピクレスの双生児を生むが、ヘラクレスのみがゼウスの胤《たね》とされる。

伝説的モチーフ

また、リュディア史の一齣としてこのような話が語られる。クロイソスの父アリュアッテスは数年来ミレトスを攻撃していたが、一時戈《ほこ》を納めなければならない事情が生じたため、和平交渉にあたる使節を送る。ミレトスの僭主トラシュブロスはその情報を逸早くつかんでいたので、策略を講じて待ち受けた。すなわち、市民に命じて町じゅうの食糧を広場《アゴラー》に集めさせ、使節の見ている前で大いに飲み食いの宴を張らせたのである。使節は帰国してこの様子をも報告する。多年にわたる包囲攻撃でミレトスが極度の食糧不足に陥っているものと期待していたアリュアッテスは、戦争続行の無益を思い、ミレトスと友好同盟関係を結ぶことにした(巻一・二二)。

よく似た話がミレトスに近い町プリエネについても伝えられている。アリュアッテスがプリエネを攻囲した時、ギリシア七賢人の一人ビアスは二頭の騾馬を肥え太らせて、これを寄せ手の陣営に送りこんだ。アリュアッテスは籠城側の食糧の豊かなことに驚き、和議を結ぼうと使者を送る。ビアスは砂の山を作り、その上に穀物を撒いたものを使者に見せた。報告を受けたアリュアッテスは遂にプリエネと平和条約を結んだ、と(ディオゲネス・ラエルティオス『ギリシア哲学者列伝』一・八三)。

同じ計略は連綿と続いていく。ローマのカピトリウムがゴール人に攻囲され飢餓状態に陥った時(前三九〇年)、ユピテルが将軍たちの夢に現れて「最も渡したくない資財を砦の頂から敵の真只中に投げこめ」と告げた。彼らが穀物神ケレスの賜物(麦)を投下すると、敵の兜や楯に当たってカラカラと音をたてた。兵糧攻めを諦めた敵は撃退された（オウィディウス『祭暦』六・三四九―三九四）。フランク王シャルルマーニュ（在位七六八―八一四）は南仏カルカソンヌの城砦を数年来落としかねていたが、大軍と思われた守備隊はカルカスというサラセン女性一人だった。彼女は兵糧攻めの裏をかいて、玉《とう》蜀黍《もろこし》をたらふく食わせた豚を濠に投げ落としたが、城壁の地下坑道が焼き崩されさえしなければ企みは奏功するところであった（メリメ『南仏紀行ノート』）。シャルルマーニュの孫ロタール一世の妃アーデルハイトが南伊カヌシウムの城にあってベーレンガー王に攻囲された時（九世紀半ば）、僅かに残った麦を猪に食わせて城外に追い出したところ、敵兵はこの猪を捕らえて腹を裂き、満腹であるのを見て包囲を解いた（グリム『ドイツ伝説集』四六六「王妃アーデルハイト」。他に四七六「エーバーシュタイン伯三兄弟」、五一〇「マウルタッシュの盛り土」）。壬辰倭乱《じんしんわらん》（文禄の役、一五九二年）の時、水原華山《スウォンホアサン》の山城に陣を築く権慄《クォンユル》将軍は加藤清正に包囲され、食水が足りなくて困っていたが、白馬を山の頂に引いて来て白米で洗うような様子を見せたところ、遠望する清正軍は落城させる望みなしと思い軍を引いた（崔仁鶴『朝鮮伝説集』九六「洗馬台」）。この他中国・日本の例は南方熊楠「白米城《はくまいじょう》の話」（一九一六年）、『十二支考』中「馬に関する民俗と伝説」（一九一八年）、柳田国男「白米城の伝説」（一九二九年）、「白米城伝説分布表」（一九四二年）などに多数紹介されている。

　ヘロドトスはアリュアッテスとミレトスの講和の話をミレトス人から聞いたと明記しているが、ミレトス人がこの策略を実行したとは思えないから、ヘロドトスが取材した時にはすでにこの話が土地の伝説となっていたのであろう。

昔話と考えられるもの

アルクメオン家といえばアテナイ屈指の名門で、部族制と民主政治を確立したクレイステネス(前六世紀末)や黄金時代アテナイの指導者ペリクレスを送り出しているが、ヘロドトスはこの家の名がギリシアじゅうに鳴り響くことになった経緯を記している。

シキュオンの独裁者クレイステネス(前六〇〇頃—五七〇)はギリシアじゅうに知られた実力者で、オリュンピア競技の四頭立戦車競走に優勝した折に、娘アガリステの婿たらんと欲する者は名乗り出でよ、と公告した。そしてギリシアじゅうからシキュオンに集まった一三人の求婚者を一年間もてなし、体育場や会食の席で彼らの能力・性向・教養・行儀などを試していたが、アテナイから来たヒッポクレイデスが第一、次いではメガクレスが気に入っていた。いよいよ花婿発表の日になると、クレイステネスは一〇〇頭の牛を屠り、求婚者とシキュオンの全市民を招いて宴を張った。食事が終わり酒宴に移ると、それまで断然ライバルたちを圧倒していたヒッポクレイデスは、笛吹きを呼んで踊り出し、さらにテーブルに跳び乗るや、ラコニア踊り、次いでアッティカ踊りを演じてみせた。クレイステネスはこれを見て怒りを抑えていたが、ヒッポクレイデスがテーブルの上で逆立ちをして、手振りならぬ脚振りをするに及んで、「ヒッポクレイデスよ、お前は縁談を踊り落としたぞ」と言えば、すかさずこちらは「ヒッポクレイデスは屁とも思わぬ」と応じた。結局、クレイステネスの娘はアルクメオンの息子メガクレスと結婚することになり、このことからアルクメオン家の名が上がった、というのである（巻六・一二六―一三〇）。

これ以来「ヒッポクレイデスは屁とも思わぬ」という言い回しは諺になったとヘロドトスが記すとおり、これは古喜劇作家ヘルミッポス（前五世紀末）に利用され、後代の諺集にも入っているし、シキュオンのクレイステネスが有力ポリスと姻戚関係を結びたいと願うような政治状況もあったから、彼の婿選びの話は歴史的事実と考えてよい。にもかかわらず、ヒッポクレイデスの逆立ちダンスの部分は昔話の変型ではないかと考えられている。その昔話とは『ジャータカ』三二「舞踊本生物語」である。

その昔世界の始まりの時、四足の獣類は獅子を王とし、魚類はアーナンダ（歓喜）という魚を、鳥類は金の白鳥を王とした。白鳥の娘が夫を欲しがったため、一切鳥類を雪山《ヒマラヤ》に集めて娘に選ばせると、娘は美しい孔雀を選ぶ。孔雀は大喜びして、恥も忘れ罪をも恐れず衆鳥の真中で羽根を広げて踊りを始め、踊りながら着物を脱いでしまった。金の白鳥はかかる恥知らずで罪を恐れぬ奴に娘はやれぬ、と甥の白鳥と結婚させた。

ギリシアとインドで同じ昔話が見出される場合、どちらが起源の地かがしばしば問題となるが、この場合はまず、二つの話を同一視してよいかどうかが問われなければならない。私は同じ話と認めた上で、歴史的事件が動物寓話に転化するより、動物寓話が歴史上の人物に付会される道筋の方が考えやすい、とする説につきたい。インドでは、孔雀が踊る時に尻を顕わすのが恥知らずの典型として諺になっていて、この寓話に不自然なところはない。一方ヘロドトスの話では、一三人の求婚者リストも「ヘレネの求婚者の物語」をモデルにして仮構されたかと疑われているのである。

『歴史』の主題との照応

今日の考え方からすれば歴史と言えないような話をもヘロドトスが採録したのは、「伝えられているるままを伝える」という基本方針（五八頁参照）に加えて、話好きという彼の個性も与《あずか》っていたであろうが、より積極的に、ヘロドトスが自らの歴史の思想をそこに認めたが故に書き留めた、と考えられる話がある。あるいは、それらの話は他の作家や他国の昔話にも現れるのに、ひとりヘロドトスのみがそこに『歴史』の主題を加味して語った、と言い換えてもよいかもしれない。そのような話を三つ紹介したい。

「ギュゲス物語」（巻一・八―一三）

リュディアのヘラクレス王朝最後の王カンダウレスを弑《しい》し王位と王妃を手に入れたギュゲス（在位前七一六―六七八）は、デルポイの神託によって王位に即くことを認められたものの、五代目の後裔に至って滅びなければならぬと告げられる。五代目の後裔とはすでに見たクロイソスである。

カンダウレスは妃を溺愛するあまり彼女こそ世界一の美女であると信じ、寵臣ギュゲスに常々その美を吹聴していたが、遂に「ギュゲスよ、お前はわしが妃の容色について話してやっても信じないようだが――いかさま人間は、眼ほどには耳を信用しないというからな――、ひとつ妃が着物を脱いだところを見てみるがよい」と持ちかけた。ギュゲスは「女と申すものは、下着とともに、恥らいの心をも脱ぎ去るものでございます」、「古人の名言にも「己れのもののみを見よ」と申す言葉がございます」と言って固辞するが拒みきれず、王の指示どおり寝室の扉の蔭から妃が一枚一枚着物を脱ぐところを見た。妃はしかし、扉の後ろから室外に逃れ出ようとするギュゲスに気づき、それが夫の企みであることを悟ったが、恥を思って声は立てず、夫への復讐を誓う。彼女は翌朝ギュゲスを呼び寄せると、カンダウレスを殺すか自分が死ぬかの二者択一を迫り、夫が自分の裸身を覗かせたその同じ場所から夫を襲えと命じる。ギュゲスは妃の指示どおりを果たし、妃と王国とをわがものとした。

この話は古代の作家に好まれ、さまざまに語られるが、主要な三伝を記してみる。

カンダウレスの妃は、ヘロドトスはその名を記さぬが、ニュシアという名であった。伝えによると、彼女は瞳が二つで千里眼、蛇石を所持し、それ故ギュゲスが扉から外へ出ようとするのを見破りもした。彼女の名はトゥド、クリュティア、ハブロなどとも伝えられるが、ヘロドトスがこの妃の名を言わぬのは、彼の稚児であるプレシッロオスがハリカルナッソス出身のニュシアという遊女《ヘタイラ》に恋し、これをものにできぬのを儚《はかな》んで縊死したので、ニュシアという名を憎んで口に出さぬのである。

（ポティオス『群書要覧《ビブリオテーケー》』一九〇・一五〇bが梗概で伝えるプトレマイオス・ケンノス（一世紀）の『新しい歴史』）

リュディア人ギュゲスの先祖（同名のギュゲス）は王の羊飼であったが、ある時、大雨と地震の後にできた大地の裂け目に降り、青銅製の中空の馬を見つけた。その中に横たえられた巨大な屍体の指から黄金の指輪を抜きとり自分の指にはめてみたが、輪金を内側に回すと自分の姿が見えなくなり、外側に回すと再び姿が見えるようになった。指輪の魔力に気づいたギュゲスは王の許へ参上する使者となり、王妃と通じたのち共謀して王を弑し、王権を手に入れた。

（プラトン『国家』三五九D—三六〇B、要約）

これは、正義を守る人も不正を働く力がないから守るにすぎず、できさえすれば不正に走り欲望を満たすはずである、という考えを裏づけるために持ち出される寓話《ミュートス》である。なお、プラトンのテクスト(アダム版)で「ギュゲスの先祖」とあるところは「ギュゲス」のみとする方がよい。

ギュゲスは父親の亡命地からサルディスに戻って来たが、その美貌と武芸百般の卓越の噂がサデュアッテス王の耳に達し、王の槍持ちに取り立てられる。王に忠誠を疑われたり政敵に讒言されたりもするが、結局以前にもまさる信を得て、ミュシアの王女トゥドを王の妃に迎える使者に任ぜられた。この時寝室の屋根に二羽の大鷲がとまり、占師は花嫁が初夜に二人の王の妻となろうと占う。ギュゲスは花嫁を護送する途中、彼女に激しい恋情を懐いて迫り、手ひどく斥けられる。トゥドからこのことを聞いた王は明日ギュゲスを殺すと誓うが、かねてよりギュゲスに思いを寄せる婢《はしため》があって、ギュゲスに内通する。ギュゲスは自分が殺されるよりは王を殺す方を選び、夜の間に親しい仲間を語らい、婢に戸を開けさせて、眠る王を弑する。ギュゲスはリュディア人を会議に召集し、自分を王位に即けるべきかどうかをデルポイの神託に伺わせると、五代目の子孫の時にヘラクレス家〔殺された王の家系〕の復讐がメルムナス家〔ギュゲスの家筋〕に下るであろうという託宣であった。こうしてギュゲスはリュディア王となり、サデュアッテスが妃としたミュシア女を、以前の仕打ちは忘れて妻にした。

（リュディアのクサントス（前五世紀）に溯るダマスコスのニコラオス（前一世紀）、断片四六、四七 Jacoby. 要約）

ギュゲスが王の嫁迎えの使者になる条《くだり》は、トリスタンがマルク王のために金髪のイゾルデを迎えに行き、帰りの船の中で過ちを犯す『トリスタンとイゾルデ物語』と驚くほどよく似ている。物語を悲劇風に語るヘロドトス版、魔法昔話風のプラトン版、ロマンス風のニコラオス版、その他の異伝から原型を推定する試みがさまざまになされているが、私はリュディア・ヒッタイトの古層神話が物語化されたとする説につきたい。すなわち、近東の母権制社会における戦いと豊饒の女神が新王と結託して古い王を殺す、それは神話的な原初の出来事であると同時に、王の代替りごとに繰り返される歴史的実演でもあるが、それが殺される王と妃と新しい王の物語になった、とするのである。

そして、この物語が『歴史』の冒頭に置かれる理由は幾つも考えられる。まず、ギュゲスが犯した主君殺しの罪を五代目の子孫クロイソスが償わねばならぬ、とする罪の遺伝の思想を提示すること。スパルタ人がペルシアからの使節を井戸に投げこみ殺したため、タルテュビオス（伝令を守る英雄霊）の祟りがスパルタに取り憑いた時、死をもって償うためにペルシアに赴いたスペルティアスとブリスは命長らえたものの、その子らが非業の死をとげた話(巻七・一三七)、プリクソスの子キュティッソロスの子孫が、先祖の罪ゆえ代々神の怒りを蒙る話(巻七・一九七)などにも見られるが、罪の遺伝はギリシア精神史の上では古い考え方である。

第二に、見てはならぬものを見るべきか否か、王を殺すか自分が死ぬか、二度も不条理な選択を強いられ、罪なくして罪人となったギュゲスを、ヘロドトスはギリシア悲劇の主人公のように描こうとした、という解釈がある。第三に、『歴史』冒頭で語られる「ギュゲス物語」と巻末に現れるクセルクセスの邪恋の物語(巻九・一〇八以下)は、共に東洋の宮廷における恋愛スキャンダルであり、この二つの話で『歴史』の円環構造(リング・コンポジション)が完成する、という指摘もある。

しかしそれよりも、ギュゲスが直接話法で語る「己れのもののみを見よ」という言葉が、この後次々と現れるパターン、持てる者が持たざる者の国に攻め入って敗れる、ということへの警告となっている、と私は考えている。

なお、「ギュゲス物語」は古代人に好まれたばかりでなく、現代作家の創作意欲にも強く訴えてきたが、翻案としてはゴーティエ『カンドール王』(一八四四年)、ヘッベル『ギュゲスと彼の指輪』(一八五四年)、ジッド『カンドール王』(一九〇一年)の三作を挙げるにとどめよう。

「ポリュクラテスの指輪」(巻三・三九―四三)

サモス島の僭主ポリュクラテス(前五二二没)は、神話時代のクレタ王ミノスは別として、歴史時代に海上制覇を企てた最初のギリシア人とされる。ヘロドトスは亡命時代をサモス島で過ごし、山を穿ったトンネル水路や世界最大のヘラ神殿を目のあたりにして驚嘆しているだけに、六、七十年昔にサモスを繁栄の極みに導いたポリュクラテスに対しては特別の思い入れがあったようである。その死を叙する部分は悼詞を思わせる。「マグネシアへ着いたポリュクラテスは横死を遂げることになるが、それは彼の人物にもその高邁な志にもふさわしからぬ無残な最期であった。シュラクサイの独裁者たちを除いては、他のギリシアの独裁者中、その気宇の壮大豪華なる点においてポリュクラテスに比肩しうるものは一人だにないのである。オロイテス(ペルシア人、サルディス総督)はポリュクラテスを殺害してから――その詳細はここに記すに忍びないが――死骸をさらに磔柱にかけさせた」(巻三・一二五)、と。

このポリュクラテスは初めサモス島の支配権を兄弟で三分していたが、一人を殺害、一人を国外追放して独裁者となるや、エジプト王アマシスと友好関係を結び、近隣諸国の掠奪に乗り出すと、島といわず大陸といわずたちまち多くの町を支配下に収めた。しかし、ポリュクラテスの幸運がひたすら盛大に向かうのを見て、アマシスは手紙を送る。

アマシスよりポリュクラテス殿に一筆申し上げます。親交を結んだ友人の幸福を聞くことは心楽しいことではありますが、神霊の嫉み深い理を知る小生にとりましては、貴殿の余りにも盛大な御運が気懸りでなりません。小生としては、自分自身のみならず小生が関心をもつ人々についても、万事にことごとく幸運に恵まれるよりはむしろ、成功することもあれば失敗することもあるというように、運と不運をかわるがわる味わいつつ一生を終るのが望ましいように思います。かように申すのも、何事につけても幸運に恵まれた者で、結局は世にも悲惨な最期を遂げずにすんだ例を小生はかつて聞いたことがないからです。……

そしてアマシスは、いつまでも幸運に恵まれるのを防ぐために、失えば最も心痛むものは何かをよく思案した上でそれを捨てよ、と忠告する。ポリュクラテスはそれに従って、黄金の台をつけたエメラルドの印章指輪を選び、船を漕ぎ出して衆人環視の中でこれを海中に投じた。ところが五日後、一漁師が献上した魚の腹の中から、この指輪が発見されたのである。その経緯を手紙で知らされたアマシスは、ポリュクラテスがあらゆることに幸運に恵まれ、捨てたものまで見つかるようでは仕合わせにその終わりを全うすることはあるまいと悟り、友好関係を破棄した。

モンテーニュは、うち続く幸運を中断して埋め合わせをするため貴重な宝石を海に投げ入れたくらいで、運命の有為転変に支払いを済ませたつもりでいるポリュクラテスの愚を笑っているが(『エセー』二巻一二章)、確かにこの行為は、兄弟を殺して権力を握るほどの人物にしては滑稽に思える。第一、アマシスがポリュクラテスの幸運続きを惧れて友好関係を破棄したというが、事実は逆で、カンビュセスのエジプト遠征軍にポリュクラテスが援軍派遣を申し出ている記事(巻三・四四)から推測されるように、ポリュクラテスの方でアマシスを見限りペルシア側についたのである。

このように、この話は歴史の記録として見ればおかしなところがあるが、それも理《ことわり》で、ここには昔話・伝説のモチーフが混入しているのである。「失われた指輪を魚がもたらす話」はウーター『国際的民話の型』では七三六A「ポリュクラテスの指輪」として登録され、類話を収める書物(モチーフ索引)が全世界から四三点ほど挙げられているから、類話の数は数百に上るであろう。ここではヘロドトス版と比較するために、このモチーフを利用した文学作品三篇を眺めておこう。

ハルトマン『グレゴーリウス』(一二世紀末)。双児の兄妹の近親相姦により生まれた子、海に流され、漁師に拾われグレゴーリウスと名づけられる。僧院で学問を修めるが、子供どうしの争いから捨て児の素姓を知らされ、旅に出て騎士の修業を積む。求婚者に悩まされている未亡人なる城主を救い結婚するが、実の母子であることが分かり、再び旅に出る。海中に突き出た岩の上で、脚には鉄の足枷をはめその鍵は海に投じて、贖罪の月日を送る。一七年が経ち、グレゴーリウスを教皇に迎えようとローマから高僧二人がやって来た時、魚の腹から鍵が現れる。徳高き教皇が位に即いたとの知らせを聞いて、かの未亡人が罪を告白し神の赦しを乞うためローマに上り、母子再会を果たす。

グリンメルスハウゼン『阿呆物語』六巻二一—八章(一六六九年)。再び隠者となったジムプリチウスは夢を見る。地獄の王ルーチフェルに仕える浪費魔と吝嗇《りんしょく》魔が、イギリス人貴族ユールスとその召使いアウァールスをいかに破滅させるかで競っている。アウァールスは主人から毟《むし》れるだけ毟り、ユールスは放蕩の限りを尽くすが、ある時身内の者らとテームズ河に船遊びするうち、ユールスは叔父から浪費を諫められる。すると彼は指輪を一つ抜いて河に投げ込み、「叔父さん、あの指輪がこの指に戻る日がないのと同じように、僕の財産も終わりになる日はないでしょう」と笑って答えた。間もなく親の遺産である商船が、あちらで難破しこちらで海賊に奪われ、債権者が先を争って押しかけるさ中に、料理人が魚の腹中より見つけ出した指輪を主人に示した。

ティーク『美しいマゲローネ』一六章(一七九七年)。ペーターがマゲローネに与えた三つの指輪を烏が銜《くわ》えて逃げ、海の波間に落とす。漁師が父伯爵の台所に大きな魚を届けると、腹の中に三つの指輪が入っていた。両親はこれで息子が神に見捨てられていないと知り安心する。

サンティーヴ(P. Saintyves)は五一の類話を集め、そこに共通するのは神明裁判(ordalie, ordeal)の原理であるとした上で、類話を、(a)姦通の身の証し、(b)悔悛の証し、(c)幸福の証し、の三つのカテゴリーに分類している。聖グレゴーリウスの物語は指輪(鍵)の出現によって贖罪の期限の過ぎたことを知る(b)のカテゴリーに入るが、サンティーヴの五一話のうち、実に三二例がここに属する。『阿呆物語』と『美しいマゲローネ』の挿話は(c)幸福の証しのカテゴリーに入るのであろうが、指輪の出現が一方では不幸を、他方では幸福を示している。

指輪の出現が不幸を示すこと、指輪を自分の意志で投げ捨てること、この二つの点で「ポリュクラテスの指輪」は『阿呆物語』の挿話に似るが、しかしヘロドトス版には他のいかなる類話にも見られない刻印がある。すなわち、『歴史』のキー概念がそこには語り込まれているのである。

アマシスがポリュクラテスに送った手紙は二つの重要なことに触れていた。まず「神霊の嫉み深い理」というのは、「クロイソス物語」においてソロンがクロイソスに語った宗教思想そのものである（一〇八頁参照）。嫉み深い神は人間に思い上がりを許さず、他に抽《ぬき》んでたものはことごとく切り平げる。したがってポリュクラテスは、宝を投げうち自らを低くすることによって神の嫉視を避けなければならなかったのである。次に、「運と不運をかわるがわる味わいつつ一生を終るのが望ましい」というのは、国を滅ぼして今や賢者となったクロイソスがキュロスに向かって言った言葉、「人間の運命は車輪のようなもので、くるくると廻りつつ、同じ者がいつまでも幸運であることを許さぬ」（一〇九頁参照）に対応する。『歴史』の第二序文にも強大な国と弱小な国の入れ替わる理が記されていた。したがってポリュクラテスは、宝を投げ捨て人為的に不幸を招くことによって、次に来るものが災難ではなく慶事となるよう画策したのである。

このことを裏側から説き明かすような話もある。ローマの廉潔の武将アエミリウス・パウルス（前二二八頃―一六〇）はマケドニア遠征が余りにも順調に進んだので、戦利品と捕虜を連れて海路帰国する時、幸運に対する神の変心を恐れた。しかし養子に出さず後継者に残しておいた一四歳と一二歳の息子が、凱旋式の五日前と三日後に死ぬに及び、運命の女神がもはやローマにとって無害なものになったと安心した、と（プルタルコス『対比列伝』「アエミリウス・パウルス伝」三六）。

ポリュクラテスの指輪投棄について、偽りの生贄で神を欺こうとする企み、あるいは小さな不幸で大きな不幸を回避しようとする試み、とする解釈もあるが、当たっていないと思う。ポリュクラテスは神の嫉視を避けるため、併せて幸不幸の順序をごまかすために指輪を投げ捨てたのに、それが戻って来た。すなわちポリュクラテスは神によって拒否された、というのがこの物語のメッセージであろう。

「ペリアンドロスの変心」(巻五・九二)

ヘロドトスがポリュクラテスに劣らぬほどの興趣を覚えて詳しく語るのは、コリントスの僭主ペリアンドロス(在位前六二七頃—五八七)である。彼はギリシア七賢人の一人に数えられる一方、残虐な僭主の典型として悪名も高く、アリストテレスによると、有力者を抹殺する、集会を禁ずる、スパイを放ち市民を監視する、市民どうしを争わせる、賦役・酷税を課し絶えず戦争を行って市民を疲弊させる、というような支配権力維持のための方策を考案したのはこの人であるという(『政治学』一三一三a—b)。このペリアンドロスはいかにして暴君になったのであろうか。

キュプセロスが三〇年にわたってコリントスを支配した後、位を襲ったペリアンドロスは初めは父親より穏和であったのに、ミレトスの独裁者トラシュブロスと交際するようになってからは、父をはるかに凌ぐ残忍な人間になった。ペリアンドロスはある時トラシュブロスに使者を送り、どうすれば最も無事安全に国を治めることができるかを尋ねさせた。トラシュブロスは使者を郊外に連れ出すと、作物麦畠の中を並んで歩きながら、目立ってよく伸びた穂を見つけるたびに切り平げて捨てたので、作物の一番見事に育った部分がダメになってしまった。こうして忠告らしいことは何一つ言わず使者を送り返したのである。使者が帰国してこのことを報告すると、ペリアンドロスはその諷意を悟って、町の有力者を次々と殺していった。

アリストテレスもこの話に言及するが、ペリアンドロスとトラシュブロスの役割が入れ替わっている（『政治学』一二八四a、一三一一a）。これは、独裁統治の術策をいろいろと編み出したペリアンドロスが教えられる側にあるのはおかしいとして、アリストテレスが役割を逆にしたのだろうと考えられている。そして、ローマ史の中にも類話が見える。

ローマ最後の王と伝えられるタルクィニウス・スペルブス（在位前五三四—五一〇）がガビイの町を攻めた時のこと、容易に攻め落とせぬと見て策略に訴える。三人息子の末子セクストゥスが父親の虐待に耐えかねたと称してガビイの町に逃げこむと、そこでローマの内情を伝えたり戦術を教えたりして信用をかちとり、遂には軍隊の指揮を任される。セクストゥスが腹心の部下を父親の許へ遣わし次になすべきことを尋ねると、タルクィニウスは使者を庭に連れ出し、何も言わず罌粟《けし》の花の高く抽んでたのを杖で叩き落としていった。報告を受けたセクストゥスはその意を悟り、町の有力者を次々と亡き者にしていった（リウィウス『ローマ建国以来の歴史』一・五三—五四）。

この話はハリカルナッソスのディオニュシオス（『ローマ古代史』四・五五・一—五六・三）、プリニウス（『博物誌』一九・一六九）、ポリュアイノス（『戦術論』八・六）などにも語られる有名なものであるが、オウィディウス（『祭暦』二・六九一—七一〇）では罌粟ではなく百合の花が用いられている。いずれにせよ、この話は翻案の不手際を露呈している。第一、セクストゥスが父親に虐待されて敵陣に逃げこむ条《くだり》は、わが身を傷つけて敵軍に投じる戦術で、歴史上にも伝説にも頻出する(ヘロドトスでは巻三・一五四、ダレイオスのバビロン攻撃の際のゾピュロスがその例となる)。しかしこの策略を用いた場合の結末は、今や軍隊の指揮を任されたセクストゥスが、ローマ軍との決戦に打って出てわざと負ける、あるいは内から門を開ける、というようなことでなければならない。第二、セクストゥスは次に何をなすべきか父親の指示を仰いでいるが、敵陣に入りこむ前にその打ち合わせをしておかないのは不自然である。これはタルクィニウス伝説の作者が「罌粟を叩き落とすモチーフ」を語りたいがために、この不自然を残さざるを得なかったのであろう。

さて、「罌粟を叩き落とすモチーフ」はタルクィニウス伝説にとって、あるいはリウィウスの史書にとって特別の意味を持たぬのに対して、「麦の穂を切り平げるモチーフ」はヘロドトス『歴史』のテーマと深く関わっているのである。『歴史』のキー概念の一つに、神は人間や動物の思い上がりを許さず、雷撃が襲うのは最大のものに限られ、神は他に抽んでたものはことごとく切り平げる(kolouein コルーエイン)というものがあったが(一〇九頁参照)、これはトラシュブロスが抽んでた麦の穂を切り平げた(kolouein)こととパラレルである。ヘロドトスは同じ「切り平げる」という言葉を使うことにより、僭主の人民統治が神の世界支配にミクロのレベルで対応することを示しているのである。

ところで、ペリアンドロスが暴君に変じた原因として、ヘロドトスとは異なる説明も行われている。前一世紀の詩人パルテニオスによると、それは母がしかけた異常な恋のせいだというのである。

コリントスのペリアンドロスは治世の初めには公正で温良であったのに、後年残忍な僭主に変じたが、それには次のような原因があったという。母親がまだほんの子供であったペリアンドロスに激しい恋心を抱き、暫くは抱きつくことで欲望を満たそうとしていた。しかし時移り、苦しみがますます昂《こう》じ、病を抑えることができなくなるに及び、彼女は思いきって我が子に持ちかけてみた。とても美しい婦人がお前に恋しています、と。そして、その女《ひと》がこれ以上悶え苦しむのを見殺しにはしないように、と勧めるのだった。

（パルテニオス『恋の苦しみ』一七「ペリアンドロスの母」）

こうして闇の中で語らいを強いぬという約束のもとで逢瀬が重ねられたが、ペリアンドロスにも恋のようなものが芽生え、相手が何者であるのか知りたい気持ちもようやく盛んになった。側近の侍者に命じてランプを隠し置かせ、女がいつものようにやって来て横になろうとした時、

ペリアンドロスは飛び起きて灯りを取り、母親を認めて、殺そうと逸《はや》り立った。しかし、神明の顕れに引き止められて思いとどまったものの、それ以来、心も思慮も狂って、ひたすら残虐に走り、多数の市民の命を奪った。母親は己が宿業をひとしきり嘆いて、自ら命を断った。

（同前）

ディオゲネス・ラエルティオス（『ギリシア哲学者列伝』一・九六）は母親の名をクラテイアと伝え、ペリアンドロスも母親との秘かな恋を歓んだのであるが、世に顕れると、明るみに出たことを苦にして

苛烈な人間になったという。ディオゲネスはまたペリアンドロスの奇妙な死についても述べている。彼は二人の若者に、何時何時《いついつ》どこそこの通りで出会う者を殺すよう命じ、別の四人にその二人を、さらに大勢の者に四人を殺して葬るよう手配した上で、最初の二人に殺された、というのである。

この二つの話はヘロドトス好みのようにも思えるが、ヘロドトスの頃にはまだ作られていなかったのか、ヘロドトスが知っていながら採用しなかったのか、知る術《すべ》はない。

第三章　世界の均衡からキュクロス観へ

地理的均衡

ヘロドトスがギリシア人と異民族《バルバロス》とを公平に記述することができたのは、両者を分け隔てすることなく一つのものとして見る眼差しをもっていたからであるが、彼はそれどころか、人間世界と生物世界をも同じ神の配慮のもとにあるものとして、一つのものと見ていた。そしてその眼差しの根源には、人間の住む世界には一種の均衡があるとする確信があったように思われる。

ホメロス以来のギリシア人は、大地は円盤状で、オケアノス(大洋)がそれを取り巻いて流れていると観念していた。鍛冶神ヘパイストスはアキレウスの楯を造る際に、同心円状に五層の金属板を重ね、中央の最も小さい円には大地と海・空を、その外側の円には平和の町と戦争の町を、次には耕作や穫り入れの情景を、さらに外側の円には牧畜や舞踊の様を打ち出し、最後に「固く鍛えられた楯の外縁《そとべり》に沿って、力強いオケアノスの流れを布置した」（ホメロス『イリアス』一八・六〇七以下）が、これがギリシア人の懐く地球のイメージであった。「大地はいかなるものにも支えられずに宙空に浮いている。それがとどまっているのは万物から同じように隔たっているからである。大地の形状はまるく円形をなしており、石の円柱にそっくりである」（生涯と学説一一。内山勝利訳）と考えたアナクシマンドロスは初めて地図を作ったとされるが、それがどのようなものであったかは分からない。ほぼ同じ頃、新バビロニアないしペルシア時代のものと思われるメソポタミアの粘土板地図では、コンパスで描いたような円い流れが大地を取り巻き、エウプラテス河（ユーフラテス河）が世界を二分している。ここに見られるのは思弁的に世界像を描こうとする傾向と数学的な対称志向である。

地理学史の書でしばしば紹介されるヘカタイオスの地図はアナクシマンドロスを継承するものと考えられるが、そのようなものをヘロドトスは批判する。「これまですでに多くの人が世界地図を描き、しかもその誰一人としてその地図にもっともな説明を与えることのできなかったのを見るにつけても、私は失笑を禁じ得ないのである。この人たちは陸地があたかもコンパスで描いたごとく円形を成し、その周りをめぐってオケアノスが流れているように地図を描き、アジアをヨーロッパと同じ大きさとしている」（巻四・三六）、と。

しかしヘロドトス自身も対称志向から免れてはいない。彼はヨーロッパを二分して流れるイストロス河（ドナウ河）とリビア全土を貫流するナイル河が共に西の果てに源を発し、同一経度上に河口を有するから、両河の長さは等しいと考えた（巻二・三三以下）。地中海を東西の軸にしてヘロドトスの地図を二つ折りにすれば、イストロス河とナイル河が重なるわけである。ヘロドトスはまた、ヒュペルボレオイ（北風《ボレアス》の彼方に住む極北人）なるものの存在に疑念を呈するために、ヒュペルボレオイがいるならヒュペルノティオイ（南風《ノトス》の彼方に住む極南人）もいるはずだと、奇妙な論法を用いている（巻四・三六）。

このような対称観は地理学の歴史から見れば幼稚な思弁でしかないようであるが、ヘロドトスはここからさらに一歩を進めて、図形として対称的な世界はまた生活の場としても均衡がとれていると考えた。あたかも「国にいたしましても、必要とするすべてが足りているようなところは一国たりともございませぬ。あれはあるがこれはない、というのが実情」（巻一・三二）というキー概念を具体化するかのように、ヘロドトスは世界各地に世界一を認める。イオニア地方は世界一気候風土に恵まれ（巻一・一四二）、バビロニアおよびリビアのキニュプス地方は穀物生産が最大である（巻一・一九三、巻四・一九八）。プリュギア人が民族として世界最古を誇れば（巻二・二）、エジプト人は敬神の念が最も篤く（巻二・三七）、信義を重んじることではアラビア人が随一である（巻三・八）。エチオピア人はどの民族よりも丈高く美しく長寿であり（巻三・二〇および一一四）、最大の人口を擁するのはインド人（巻三・九四）、最も資源に富む川はナイル河（巻四・五三）、穴居エチオピア人は最も俊足で（巻四・一八三）、リビア人は世界一健康である（巻四・一八七）。

しかもこれらの世界一はただ漫然と世界中に散らばっているのではなく、ヘロドトスはそこに原理のようなものを認めていた。彼は「ちょうどギリシアが極めて穏和な気候に恵まれているように、世界のさい涯にある地域は豊かな天恵に浴しているといえるかも知れない」と一般論を示した上で、東端のインドは大型動物と金に、南端のアラビアは各種香料に、西端のエチオピアは人体の美しさと長寿と金に、ヨーロッパの北端は金に恵まれていると記す(巻三・一〇六―一一六)。「あれはあるがこれはない」、しかし自然界は相補って均衡を保っているという考え方である。

これはいわゆる中華思想の対極にある考え方であろう。ペルシア人は自分たちがあらゆる点で世界に冠たる最優秀民族であると信じ、隣り合う民族はそれに次ぐが、遠く隔たるほど劣ったものになりゆくと考えていた(巻一・一三四)。およそ一〇〇年後のアリストテレスが、「ヨーロッパの寒冷地に住む諸民族は気概に富むが思考と技術に欠け、他民族を支配することができない。アジアの諸民族は思考と技術はあるものの気概に欠けるゆえ、常に支配される。地理上両者の中間を占めるギリシア民族は気概と思考を併せ持ち、国制を統一すればすべての民族を支配する能力を持つ」(『政治学』一三二七b)と言う時にも、ヘロドトスの知らないギリシア的中華思想が忍びこんでいる。

人間界・生物界に見られる均衡

地理的に認められる均衡を、ヘロドトスが主たる関心事である人間界・生物界にも見ていたのはけだし当然であろう。ペルシアの大艦隊がいよいよサラミス海域に近づいた時のことである。海戦を行うべきかどうか、クセルクセス大王が諸将の意見を問い質《ただ》したところ、いずれも開戦を主張する中に、ひとりハリカルナッソスの独裁者アルテミシアのみは反対を唱えた。陸上ではすでに敵を制圧しているのであるから海上封鎖で相手の疲弊を待てばよく、海戦に長けたギリシア海軍と戦うのは不利である、その上、「すぐれた人間にはつまらぬ家来が、つまらぬ人間にはすぐれた家来が付くのが世の慣い」(巻八・六八)で、味方の大多数は役に立たぬ、というのである。これは『歴史』最終章に記されたキー概念、「柔らかい土地からは柔らかい人間が出るのが通例で、見事な作物と、戦争に強い男子とは、同じ土地から生ずるわけにはゆかぬ」に通じる考えで、これにより戦いの輸贏《しゅえい》が一方に傾かぬよう均衡が働くのである。

このような均衡への配慮を神に委ねるばかりでなく、人間の手で努力することも褒められる。ヘロドトスがバビロン人の風習の中で最も賢明なものと評価する売買結婚がその例となる。それによると、村ごとに年に一度、適齢期の娘たちが一所に集められて男たちがそれを取り囲む。まず一番器量のよい娘から立ち上がって競《せ》りにかけられ、最高値をつけた男に買い取られて結婚する。二番目三番目と進み器量よし組が終わると、今度は逆に一番みっともない娘が立って、最も安い持参金つきで我慢するという男に貰い受けられる。美人の売上金が醜女の持参金に宛てられるシステムである(巻一・一九六)。バビロンでこのようなことが実際に行われたかどうか、史料からは確かめられないが、ヘロドトスは同じ風習がエネトイ人(ヴェネチア地方)の間にもあると記し、アリストテレスもカルケドン(ビュザンティオンの対岸)の国制にこれがあったと伝えている(『政治学』一二六六b)。

動物の世界に均衡を見る時、ヘロドトスは生態学者となる。獣、鳥、人間とあらゆるものから追い回される兎は最も多産で、妊娠中にはや次の仔を孕むのに対し、最強のライオンは分娩の際に子宮をも体外に排出するので、一生に一度一頭しか仔を産まない、という(巻三・一〇八)。動物に多産のものとそうでないものがあることは古代人によく知られており、原子論の提唱者デモクリトス(前四二〇頃盛時)も次のように考えたと伝えられる。

デモクリトスは豚と犬は多産であると語り、その原因を提示して、そうした動物は子宮ないしは精子を受容する場所を数多くもっているからだ、と主張している。

(生涯と学説一五一＝アイリアノス『動物誌』一二・一六。中畑正志訳)

動物のなかには、一方で、豚や犬や兎のように多産的な動物があり、他方では、人間やライオンのようにそうでない動物もいるが、これはなぜだろうか。あるいは、多産的動物の場合には、その動物たちがまさにそこを満たそうとする子宮や母体を多数もっていて、精液は分岐してそこに入ってゆくのであるが、多産的でない動物の場合は、事情は反対だからであろうか。

(生涯と学説一五一＝擬アリストテレス『問題集』八九二a。中畑正志訳)

豚や犬が多産である原因として、哲学者デモクリトスが子宮の数を提示するに止まるのに対し、ヘロドトスは兎の重複妊娠に言及した上で、「思うになにか神の摂理の如きものがあって……性臆病で他の餌食とされるような生物は、食い尽されて絶滅するのを防ぐためにすべて多産に創り、獰猛で害毒を及ぼすようなものは、その繁殖力を弱められたのであろうか」(巻三・一〇八)と考察する。ヘロドトスにとって兎が多産である原因は、生理学・解剖学的な説明では尽くせぬもの、その向こうにある神の配慮によって実現する生物界における均衡であった。

時間の経過の中に実現される均衡

地理的均衡および人間界・生物界に見られる均衡は世界を共時的に眺めた時に得られる観念であったが、ヘロドトスは時間と共に移りゆく出来事の中にも均衡を認め、そのことを全篇を通じて解き明かしてゆく。彼は開巻直後にまず「かつて強大であった国の多くが、今や弱小となり、私の時代に強大であった国も、かつては弱小であった」(巻一・五)とキー概念を提示し、少し進んだところで、「人間の運命は車輪のようなもので、くるくると廻りつつ、同じ者がいつまでも幸運であることを許さぬ」(巻一・二〇七)と、車輪(kuklos キュクロス)のメタファーを持ち出す。車輪は上り回転が極まれば下りに転じるから、人間の運命の浮沈や一国の盛衰のメタファーとなる。車輪はまた転がって場所を変えるから、同じような栄枯盛衰が所を変えて繰り返されることのメタファーにもなるのである。いかに富強を誇る国でも大きくなりすぎると神の嫉妬《プトノス》を蒙って切り平げられ、こうして強者と弱者とから成り立つ世界の均衡が時間の経過の中で回復される。このようなヘロドトスの見方を彼自身の用語を借りて「キュクロス観」と名づけたいと思う。このキュクロス観の発見こそ、ヘロドトスを最初の歴史家にしたものであると私は考えている。

キュクロス観の由来

では、このキュクロス観はどのようなところから出てきたものであろうか。古典期ギリシアの作家たちにおけるキュクロスの語義の変遷と広がりを分析したド・ロミイ(J. de Romilly)によると、これの本来の意味は車輪であったが、円形のもの・回転するものとしての天空・太陽・月などの意味が派生し、さらに時間の領域に転用されて年・月・日・四季の巡り、それに対応して動植物の生命現象に見られるリズムなどをも表すようになったという。このように容易に意味とイメージを広げるキュクロスが栄枯盛衰のメタファーとされることは不思議ではないが、ヘロドトスが初めてそれを行ったのか、先例があるのであろうか。

ピンダロスは運命《モイラ》の量りがたきことに関連して、「そのようにして、この一族の父祖代々の幸運をつかさどるモイラも、神によるしあわせの合間に、別の時には一転して、なにがしかの苦難をもたらす」(『オリュンピア祝勝歌集』二・三五以下。内田次信訳)と歌っている。「一転して」の原語 palintrapelon パリントラペロンは車輪の反転を表すものであるから、ノーウッド(G. Norwood)はこれが「運命の車輪」のメタファーの文学における初出である、と論じている。より明確に車輪の語(kuklos の代わりに trochos トロコス)が使われているのはソポクレスの断片である。「それにしても私の運命は、小止《おや》みなき神の車輪に乗ってくるくると回り、相を変えつづける。まるで月の面《おもて》が、ぬばたまの夜の二夜を、ひとつの姿のままに渡ることかなわず、ありとは見えぬ姿より立ち出でて、美しさを増しつつ満ちわたり行くが、やがて、明るさの極みに達すると再び欠けはじめ、ついに闇となりおわるようなものだ」(断片八七一 Radt)。ただし、この断片はどの作品に帰属するか分からず、したがってヘロドトスとの先後関係も不明である。

運命の浮沈や仕合わせの転変を車輪に託して歌う詩人はヘロドトス以前にいたかもしれないが、私はむしろ、ヘロドトスは自然哲学者の考え方からキュクロス観を着想したのではないかと考えている。大きくなりすぎたものは切り平げられて、小さいものとの間に均衡が回復することで世界が存続していく、とするヘロドトスの歴史観は、相反するものの交替によって存在が維持されるとする自然哲学の教説に通じるところがあるからである。

そのような思想は哲学の最初期から見られ、内山勝利の解説によると、「アナクシマンドロスは、この世界の内に作用している諸力のあいだにいくつかの基本的な相反関係のペアがあるとする古代ギリシアに通有の想定に着目した最初の人であった。それらの勢力争いが世界を規定し、その存続を保証する。一時的には相反的なものの一方が優勢を占めることがあっても、まさにその優勢という事態が他方の極にあるものの台頭と優勢化への契機となるのである。昼(明)と夜(暗)、あるいは夏(熱・乾)と冬(冷・湿)の定期的な交代は、その最も顕著な事例である」という。さらに、

「火の転換。まず海となり、海の半分は大地に、半分は熱気流《プレーステール》となる」……海から大地と天空とその両者に囲まれたさまざまなものが生ずる。他方、どのようにしてふたたび逆の道をたどり、世界焼尽《エクピュローシス》に至るのかは、次のような言明によって明瞭に表明されている。「大地は溶解して海とな

るが、海の分量は、大地となる以前にそうであったのと同じ比率《ロゴス》のものである」。

（断片三一。内山勝利訳）

のような言説を残しているヘラクレイトスも、「あらゆる事物は、たんに相互に変化するのみならず、変化の持続においてのみ、事物もまた存続しうる。すなわち、世界は変化し続けることで安息している」と考えた、と説かれるのである（『哲学の歴史1』所収「最初の哲学者たち」）。

このことに関して特に注目したいのは、生物も無生物もすべて火・土・空気・水の四元（四つの根）の様々な比率による混合体で、「愛」と「争い」が混合と分離を惹き起こす、とするエンペドクレスの有名な断片である。

そしてこれら（四元）は永遠に交替しつづけてやむことがない——
あるときには「愛」の力により　すべては結合して一つとなり、
あるときは「争い」のもつ憎しみのために　逆にそれぞれが離ればなれになりながら。
このように　多なるものから一なるものになるのを慣《なら》いとし、
また逆に一なるものが分かれて多となるかぎりでは、
そのかぎりでは　それらは生成しつつあるのであって　永続する生をもってはいない。
しかしそれらが永遠にやむことなく交替しつづけるかぎりでは、

そのかぎりでは　それらは円環《キュクロス》(周期)をなしつつ常に不動のものとしてある。

(断片一七・六—一三。藤沢令夫・内山勝利訳)

一が多となる時一は消滅し、多が一となる時多は消滅するが、一と多が交替する状態は永遠に続いてゆく。譬えて言えば、細胞は刻々に死滅しても新しい細胞に置き換わることによって生命が続いていくようなものであろうか。私がこの断片とヘロドトスのキュクロス観との関連を疑うのは、二人が出会った可能性があるからである。前四四四/三年、アテナイは全ギリシアに呼びかけて南イタリアに植民地トゥリオイを建設したが、ヘロドトスはそこへ赴いたと伝えられるし(一五頁参照)、シチリアのアクラガス出身のエンペドクレスも、建設されて間もないトゥリオイへ出かけたと伝えられる(ディオゲネス・ラエルティオス『ギリシア哲学者列伝』八・五二)。もしこれが正しければ、西からと東からの二つの巨大な知性がトゥリオイで邂逅し、それぞれの思索と探究を交換しあったことは大いに考えられるのである。

エンペドクレスの思想とヘロドトスのキュクロス観との関連を確信するためには、時代は下るが次のような言説も参考になる。

あるものが生成する場合、ちょうど円《キュクロス》をめぐるように逆方向への生成も起こって常にバランスをとるのでないならば、そしてまた、生成が直線的にあるものからその対極の方向へとのみ行われて、折り返し点を曲がって元へ戻るということをしないならば、いいかね、万物がついには同じ姿をとり同じ状態となるに至って、生成することもやめてしまうだろう。

（プラトン『パイドン』七二B）

あたかも天空や一つ一つの星の運行の中に円環《キュクロス》とでもいうべきものがあるように、可死的な存在の生成と死滅も円環的であるお蔭で、それらは生成と消滅を繰り返す、とどうして言えぬことがあろうか。ちょうど、人間的事象が円環をなす、と言われてもいるように。

（偽アリストテレス『問題集』九一六a）

事物は限りなく生成を続けることも限りなく消滅を続けることもできず、円環的に、すなわち方向を転じて出発点に戻る仕方で、生成と消滅が交替し、その交替が繰り返されることによって事物の永続的な存在が可能になる。同様に、ヘロドトスの考える人間の仕合わせも、大きくなりすぎると他国を侵して世界の均衡を破り、人間の埒を越えて神の逆鱗に触れる。この時神がこの人間を切り平げて車輪を下向きに回すから、均衡ある世界が続いてゆくのである。

神の嫉妬

ここでいささか奇異の念にうたれるのは、大きくなりすぎたものや人間の埒を越えたものを切り平げるのが、神の正義や神の懲罰ではなく神の嫉妬(phthonos プトノス)であるということではなかろうか。しかし、これはキー概念として明確に提示されていることである。「神は嫉み深く、人間を困らせることを好む」(巻一・三二)、「神は他にぬきんでたものはことごとく切り平げる」、「神が大部隊の勢威を嫉んで兵士らの心に恐怖の念を生ぜしめる」、「神は自分以外の何者にも驕慢の心を許さぬ」(巻七・一〇)と。

ギリシア文学では人間のヒュブリス(hubris. 思い上がり、増上慢)に対しては神のネメシス(nemesis. 憤り、懲罰)が下される、とするのが通念であったが、ネメシスはヘロドトスにおいては、自分こそ世界一の幸せ者であると考えたクロイソスに「神の罰」(巻一・三四)が下る時に一度現れるだけである。ネメシスの代わりにプトノスを持ち出すのは、ヘロドトスがアイスキュロスおよびピンダロスと共有する特色である。越境してギリシアを攻めるペルシアの側にヒュブリスを見る立場から作られたアイスキュロスの悲劇『ペルシアの人々』では、神をも支配できると思い上がったクセルクセスが、「ギリシアの男の企みも、神々の嫉妬《プトノス》にも気付かずに」(三六一)作戦を誤ってサラミス海戦に敗れる。『アガメムノン』にも「嫉まれることなき幸せ」(四七二)、喜びすぎても「神の嫉妬のなからんことを」(九〇四)という祈り、「神々の嫉妬の眼差し」(九四七)への怖れが見える。ピンダロスの「神々の嫉妬がかき乱すことなきよう」(『イストミア祝勝歌集』七・三九)はヘロドトスの「神は嫉み深く、人間を困らせることを好む」に用語までよく対応している。

プトノスは「大きすぎる、甚しすぎると見なすこと」から「相手の善きものの過剰を羨む気持ち」

に意味が狭められてきたものと思われる。ギリシア人の嫉妬は、古くは「隣人は隣人に悋気し……大工は大工に、焼物師は焼物師に焼きもちを焼き、歌人は歌人を、乞食は乞食を嫉む」（ヘシオドス『仕事と日』二三―二六）と歌われ、プラトンもこれを引用しつつ「似たもの同士ほど嫉妬・敵愾心・敵意をもち、似ていないもの同士ほど友愛の情をもつ」（『リュシス』二一五D）と言うように、近親憎悪の情と結びついている。それは『歴史』の中でも「ギリシア人と申す国民は……他人の好運を羨み、自分より強大なるものをうとんずるのです」（巻七・二三六）、「同国人同士であれば、他人の羽振りがよくなればこれを嫉《そね》み、口を鎖して敵意を示す」（巻七・二三七）などと言われているとおりである。

人間の嫉妬はふつう自分より善いもの・強いもの・幸せなものに向けられるのに、不死なる神がはかない人間を嫉妬するのはなぜであろうか。ヘロドトスはどうやら神と僭主・独裁者をアナロジーで考えていたらしく、そこに答えがありそうである。ペルシアの貴族たちが民主政・寡頭政・独裁政のうちどの政体を採用すべきかを議論した時のことである（四二頁参照）。民主政を主張するオタネスは言う、「この世で最もすぐれた人物ですら、いったん君主の地位に坐れば、かつての心情を忘れてしまう。現在の栄耀栄華によって驕慢《ヒュブリス》の心が生ずるからで、さらには人間に生得の嫉妬心《プトノス》というものがある。この二つの弱点をもつことにより、独裁者はあらゆる悪徳を身に具えることになるのだ。……本来ならば独裁者は、世のあらゆる幸福に恵まれ、人を羨む心などをもつはずはないのであるが、現実には彼の国民に対する態度は全くそれとはうらはらとなる。要路にある者たちを、その世にあり生ある限り嫉《そね》んでやまず、市民のうちの最も下賤な者たちを好んで寵愛し、また讒訴《ざんそ》を容れるにかけては決して人後に落ちぬ」(巻三・八〇)、と。独裁者と神と、何と似ていることであろう。

神の嫉妬というのは人間界に渦まく嫉妬の感情が神の世界に投影されたものである、と多くの論者は考えている。それがヘロドトス『歴史』全篇の基調となるほど重要な観念となるのは、前古典期(アーケイック期)ギリシアの社会状況のゆえである、とドッズ(E. R. Dodds)は説く。前七世紀の経済危機、次いで前六世紀の政治的抗争を閲《けみ》したギリシア人が、ますます己れの生存の不安定なるを自覚するにつれマジック的なものへの依存を強め、地上の正義の不在を痛感すればするほど天上の正義を誇張するようになる、このような時代背景の中で、古くからあった神の嫉妬の観念が大きく浮かび上がってきた、というのである。

神風の吹く戦争

ヘロドトスの戦闘の記述には正確さが欠ける、あるいは、ヘロドトスは戦術に詳しくない、などとよく言われるが、そのような批判を招く一因は、兵力や作戦より天佑によって勝敗が決する場面が多いことであろう。それも当然で、ヘロドトスは「神は他にぬきんでたものは切り平げる、大部隊の勢威を嫉んで兵士らの心に恐怖の念を生ぜしめる」というキー概念に即して戦闘を記述するのである。

ダレイオス大王の女婿マルドニオスが陸海の大軍を任されてギリシアに進攻する時のこと(前四九二年)、艦隊がアトス半島を回航しようとしたところ猛烈な北風が吹きつけ、岬に打ち当てられた艦船約三〇〇隻が破壊され、二万人以上の兵員が岩礁に砕け溺れ凍え、あるいは海獣の餌食となって喪われた(巻六・四四)。これが神助であるとは記されていないが、アテナイ人は一二年後にこの時のことを思い出す。

テルモピュライの戦いを控えてクセルクセスの海軍がセピアス岬付近に碇泊した時、快晴の空が夜明けと共に一変すると、猛烈な東風がペルシア艦隊を襲い、四〇〇隻を下らぬ船と無数の兵員、それに莫大な財宝が海に消えた。ここに東風というのは正確には東北風と言うべく、南方に住むアテナイ人はこれを北風と呼んでいたが、一説によると、アテナイ人はかつてアトス沖で北風がペルシア艦隊を潰滅させたことを思い出し、今回も北風とオレイテュイアに生贄を捧げ加勢を祈った、というのである(巻七・一八九)。アテナイの伝説的な王エレクテウスにはオレイテュイアという娘がいたが、北風神ボレアスが彼女に恋して攫い息子を産ませたから、北風と自分たちは縁続きだとして、アテナイ人は援助を乞うたのである。

アルテミシオンの海戦の一日目は勝敗決せずもの別れとなったが、ペルシア海軍のうち碇泊地に戻ったものは、盛夏というのに夜どおし豪雨と雷鳴に怯えたし、アテナイ軍の退路を断つべくエウボイア島迂回を命ぜられた部隊は、暴風雨に流されて岩礁に乗り上げてしまった。「これもすべて、ペルシアの戦力が格段に優勢にならぬよう、ギリシア軍と等しなみにしようとの、神の配慮のなせる業であった」(巻八・一三)とヘロドトスは明言している。

ギリシア本土を蹂躙しつつ南下を続けるペルシア軍がいよいよデルポイに迫った時、何者も手を触れることのできない聖なる武器が奥殿から門前に持ち出されたのも、雷撃とパルナッソス山の岩塊がペルシア軍の頭上を襲ったのも、巨大な英雄(半神)が二人現れて逃げる兵士らを殺しまくったのも、すべて天助であった(巻八・三七)。

そしてヘロドトスはこの見方を総まとめするかのように、サラミスの海戦の立役者テミストクレスにこう語らせる。

> われわれが雲霞のごとき大軍を駆逐して、自国と全ギリシアを救うことができたのは、まことに思いがけぬ僥倖であった……それというのも今度のことは決してわれわれの手柄ではない。神々や半神《ヘーロース》がたが、ひとりの人間――それも神を恐れぬ極悪非道な人間がアジアとヨーロッパとに君臨することを快しとされず〔直訳、嫉妬して〕なされたことなのだ。(巻八・一〇九)

再びクロイソス物語

さて、キー概念が『歴史』の中でどのように展開されているかをひととおり見たところで、再びクロイソス物語に戻りたい。すでに何度も述べたように、クロイソス物語は『歴史』巻頭近くに置かれてキー概念の幾つかを提示し、夢・神託・忠告者などのモチーフの読み方を読者に指示しつつ、クロイソスの盛衰を描く。ヘロドトスはこうしてキュクロスの最初の一回りをクロイソスにおいて語った後、この物語を範例《パラデイグマ》としてペルシア帝王の事跡を記述してゆく。言い換えれば、同じようなキュクロスが歴代ペルシア帝王を乗せて回る次第を述べてゆくのである。範例から予想されるのは、彼らが敬虔で忠告にも従っている間は運命のキュクロスが上向きに回っているが、ヒュブリスに囚われ前兆を解き誤るようになると、キュクロスは下向きに転じている、というパターンである。そしてその転回点にはしばしば越境のモチーフが現れる。

三五歳で王位を継いだクロイソスは小アジア沿岸のギリシア人都市の征圧に乗り出し、次々と征服しては朝貢を強いたが、島々にまで手を伸ばそうとした時には、賢者ビアスに諷諫されてよく思い止まった(巻一・二七)。しかしハリュス川以西のアジアを支配下に収めて繁栄の絶頂に達してからは、富ゆえに自分を世界一の仕合わせ者だと思い上がり、ソロンとの幸福問答で不興を覚える(巻一・三三)。デルポイの神にペルシア出兵の可否を問い、さらには自分の支配権が永続するかどうかを尋ねて、二度とも神託を誤解するし(巻一・五六)、富めるリュディアが貧しいペルシアを攻めるべきではないとする賢者サンダニスの忠告をも無視する(巻一・七一)。いよいよハリュス川という越えてはならぬ埒を越えて破滅に近づくと、馬が蛇を食うという異兆が現れ、獅子がアクロポリスを巡ればそれは難攻不落となるという昔の占いが逆の形で実現し、それまで口が利けなかった息子が声を発した(巻一・八五)。

ただし、クロイソスはデルポイに夥しい財宝を奉納するなど敬神の念篤く、最期に臨んでソロンの言葉を思い出すことにより、国は滅ぼしたものの一身は存《なが》えた、とヘロドトスは語る。これは史実ではないかもしれないが、ヘロドトスはクロイソスをキュロスの忠告者として生き延びさせることにより、歴史事実より歴史の意味を明らかにすることを意図したのであろう。

キュロスの場合はリュディア征服までが上り坂、バビロニア遠征が転回点となり、マッサゲタイ遠征に至って下り坂の様相を呈する。キュロスは初めサルディスに侵攻する時には、メディア人ハルパゴスの献策を容れ駱駝部隊を用いて成功し(巻一・八〇)、クロイソスを火あぶりにしようとした時にも、自分も同じ人間であることを知る敬虔さとソロン的知を持っていた(巻一・八六)。サルディスを陥れた時には、兵士たちの略奪を止めさせるがよいというクロイソスの忠告に従ったし、謀叛を未然に防ぐためにはリュディア人を文弱にすべしという献策をも容れた(巻一・一五五)。しかしバビロンを攻めた時には、象徴的な境界ギュンデス川を越えたばかりか、神馬を呑みこんだこの川を罵り、川を三六〇の運河に分割して報復を加える(巻一・一八九)。さらにマッサゲタイ遠征の頃になると、キュロスは異常な出生の経緯(六〇頁参照)から自分を人間以上のものと考えるようになっており(巻一・二〇四)、敵女王トミュリスの「自分の領土だけを治めよ」との警告に従わず、敵をペルシア領内に引き入れるのではなく敵領内に攻め入って戦うべしとするクロイソスの悪しき忠告に従い、卑劣な酒と馳走の計略を採用する。いよいよ境界アラクセス河を越えた時には、未来の王ダレイオスの肩に羽根が生えアジアとヨーロッパを覆う夢を見て邪推する。そしてトミュリスの再度の帰国勧告を無視して敗死する。酒食の計で息子を殺されたトミュリスは、キュロスの死体を見つけ出すと首を切り、人血を満たした革袋に投げ入れ「血に飽かせた」のである(巻一・二一四)。

カンビュセスも治世の初め、エジプト遠征を計画した頃には、アラビア王に道中の安全を頼むべしという忠告に従ったし(巻三・四)、敗れたエジプト王プサンメニトスに惻隠の情を示しもした(巻三・

一四）。しかしやがて、プサンメニトスの父アマシス王の遺体を引きずり出して凌辱を加えるなど異常を示しはじめ、エチオピア王の忠告を無視してエチオピア遠征を敢行した時には、砂漠で食糧が尽き、兵士らが十人一組で籤を引いて当たった者を食うほどの惨状に陥る（巻三・二五）。メンピスで聖牛アーピスの出現を祝うエジプト人に暴行を加え、短剣でアーピスの股を傷つけるが、それが彼の死にざまを予示するものとなる。弟スメルディスに王座を奪われる夢を見てこれを殺害させるが、同名異人でマゴス僧の弟スメルディスに王位を奪われることになる（六一頁参照）。身重の妻に躍りかかって流産させたり、エジプト人の墓を暴き神像を侮辱したり、と狂気の行いを重ねたあげく、かつて神託で告げられた地で没する。カンビュセスは故郷のアグバタナで天寿を全うするつもりであったが、神託の告げたのはシリアのアグバタナで、客死であった（巻三・六四）。

　続くダレイオスの場合は例外で、クロイソス物語の範例どおり没落することはなく、人間的徳によって破滅を免れるように描かれている。ダレイオスが王位簒奪者の誅罰に立ち上がった時には、七番《つがい》の鷹が二番の禿鷹を裂くという吉兆が現れ（巻三・七六）、マゴス僧たちの陰謀をうち砕いた七貴族の中から彼が抽《ぬき》んでて王に選ばれた時にも、稲妻と雷鳴により天の裁可を受ける（巻三・八六）。ただスキュティア遠征の際には、ボスポロス海峡に橋を架けるなど人間の埒を踏み越え、弟アルタバノスの遠征諫止を無視し（巻四・八三）、自ら最高最美の人間だと誇るヒュブリスを見せるなど（巻四・九一）、危険な徴候を示すが、イストロス河を渡ってしまった後でも、船橋を破壊せず保存すべしとの忠告を容れ（巻四・九七）、スキュティアでの苦戦のあと功臣ゴブリュアスの撤退の勧告に従い（巻四・一三四）、辛くもイストロス河を渡りサルディスへの帰還を果たす。

その後も、ギリシア人ヒスティアイオスをトラキアで活動させるのは虎を野に放つようなものだ、というメガバゾスの忠告に傾ける耳を持っていた(巻五・二三)。このヒスティアイオスはかつてダレイオスの危機を救ったものの、後に謀叛人となるのであるが、彼が死ぬとダレイオスは手厚く葬ってやった(巻六・三〇)。ダレイオスはまた、自分の運命を危うくしかけたミルティアデスの一子が捕虜として連行されてきた時これを厚遇するし(巻六・四一)、ペルシアに害をなし憎んでも余りあるはずのエレトリア人捕虜にも温情を示す(巻六・一一九)など、神の嫉視を免れる人物として描かれている。

個人のキュクロスから帝国のキュクロスへ

キュロス、カンビュセス、ダレイオスの後を受けて登場するクセルクセスは、ペルシア戦争の主人公として『歴史』巻七から巻九までを費やして描かれるが、彼はもはや個人のキュクロスではなく、ペルシア帝国の運命という巨大なキュクロスに乗っている。しかもそのキュクロスは下りに向かってすでに回り始めているのである。クセルクセスが御前会議を開いてギリシア遠征の意志を表明した時、叔父のアルタバノスは、「わがペルシアの選ぶべき道が二つあり、一つは驕慢《ヒュブリス》を助長するもの、他は驕慢を撓《た》め、持てるが上に持たんと望む心を起させることがいかに災いの因となるかを戒めるものである」のに、クセルクセスは危険の多い道を選ぼうとした、と直言した(巻七・一六)。まことに、ヨーロッパとアジアを隔てる自然の境界ヘレスポントス海峡に架橋するのは、人間のヒュブリスの極みである。しかしクセルクセスには、ギリシア遠征へと促す要因が内にも外にもあった。まず、クセルクセスの従弟で、かつてダレイオスからアテナイ征圧を命じられながら、アトス沖の嵐で艦隊を失ったマルドニオスが、自らギリシア総督になりたい一心で大王に遠征を説き勧めた。ペルシアに対して数々の悪事をなしたアテナイを罰しなければならぬし、地味豊かなヨーロッパの国土を所有するのはペルシア大王にこそふさわしい、というのである。さらにギリシア側からの手引きもあった。テッサリアの一王家はペルシアを後ろ楯にして支配を拡大したいがために、またアテナイのペイシストラトス一族の者はペルシアの支援のもとにアテナイ復帰を目指したいがために、クセルクセスを焚きつけた。

そして内なる要因としては、先代の遺法を守って領土拡大に努めなければならぬという宿命があった。クセルクセスは御前会議でギリシア遠征の意志を披瀝した時、アルタバノスの反対意見に激怒したものの、夜になると反対意見が気にかかり、思案の末に遠征を中止することに決めた。ところが眉目秀麗の偉丈夫が彼の夢に現れ、「もしただちに遠征を行なわぬならば……そなたが勢威の地位に上ったのも早かったが、こんどはまたたちまちに顛落の憂目に遭うであろうぞ」と脅したのである(巻七・一四)。アルタバノスは「総じてわれらの夢見と申すものは、昼間に考えていたことがふらふらと夢中に現われてくるに外なりませぬ」と解釈するが、王の衣裳を着けて王の寝所で眠ると、同じ姿が夢に現れ、「クセルクセスのギリシア遠征を……中止させようとしているのはお前だな。将来といわず現在といわず、事の必然の流れをそらそうとすれば碌なことはないぞ」と威嚇するや、赤熱した鉄で彼の両眼を焼き抉《えぐ》ろうとした。ここに至ってアルタバノスも、ギリシア人には神意に基づく破滅が下るものと信じて遠征に同意したのである(巻七・一八)。

このように、クセルクセスにギリシア遠征を促す要因はいろいろあったにしても、究極的には神がそれを命じたのである。先王ダレイオスは第一次ペルシア戦争に敗退し、さらなる戦争準備のうちに世を去った。後を襲ったクセルクセスがダレイオスでさえなしえなかったギリシア征服をもしも果したなら、「われらはペルシアの版図をば実にゼウスの住い給う天空に境を接せしめることができるであろう。そなたらの協力の下にヨーロッパ全土を席捲し、これらの諸国をことごとく併呑して一国とした暁には、天日の輝くところわが国に境を接するものは一国もなくなるであろう」(巻七・八)という、そのような位置にクセルクセスはいる。しかしこれはとりもなおさず、クセルクセスが人間の埒を越えて神の嫉妬を蒙り、神に切り平げられるのを待つばかりのところにいることを意味するのである。

こうしてクセルクセスの描写に現れる夢・忠告・前兆等のモチーフは、初めからキュクロスの下り回転を象徴するものばかりとなる。遠征の決意を固めたのちクセルクセスは、かぶっていたオリーヴの冠から若枝が生じ、全世界を蔽うと見る間に冠が消え去る夢を見たが、マゴス僧たちはこれを全人類が大王に隷属する予兆であると誤って釈いた(巻七・一九)。春になりペルシア軍が進発したやさきに日蝕が起こったが、マゴス僧たちはこれもギリシアの町々の消滅を予示するものだと独善的に解した(巻七・三七)。クセルクセス自身も、イオニア人をその母国アテナイ人と相戦わせるのは得策でないゆえ、イオニア人を味方につけるべきではない、というアルタバノスの忠告を顧みず(巻七・五一)、ヘレスポントス海峡を渡り終えたところで、馬が兎を産む——馬の如く攻め込み兎のように逃げ帰る——という前兆が現れたのに気にとめることもせず(巻七・五七)、海戦に長けたギリシア海軍と戦うのは不利でもあり不必要でもある、というアルテミシアの忠告も容れなかった(巻八・六八)。そしてサラミスの海戦に敗れてようやく、マルドニオスとアルテミシアの建言に従って自身はアジアに帰ることを決心する(巻八・一〇三)。しかしギリシアに残留して戦いを継続する将軍マルドニオスも、善き献策に従わず(巻九・二および四一)、クセルクセスの破滅への道を完成させるだけであった。

ヘロドトスの視点

クロイソスとペルシア大王たちの運命をこのように粗描してみると、改めて二つのことに気づく。まず、キュロスからクセルクセスに至る四代の間にペルシア帝国の版図は確実に広がっているのに、ヘロドトスは(ダレイオスは例外として)それぞれの帝王に栄えと滅びを見るかの如き描き方をしていること。次に、二度にわたるギリシア遠征に敗れた後もペルシアは引き続き超大国であり続けたのに、『歴史』はまるでペルシアが滅びるかのような筆致を見せていること。この二点は、ヘロドトスがクロイソス物語を範例《パラデイグマ》として後の記述をパターン化していることを何よりもよく裏付けている。

しかし、クロイソス物語は歴代ペルシア帝王の運命の範例となっているだけであろうか。否、それは『歴史』全体にとっても範例となると見るべきであろう。まずは『歴史』の構造を巨視的に眺めなおしてみると、全体が三つの部分に分けられ、記述するヘロドトスの視点が移動していることに気づかれよう。一〇一頁の表を参照しながら改めて表示すると次のようになろう。

第一部　序章―巻一・九四。クロイソスとキュロスの対決を、ヘロドトスは敗れたリュディアの側から記述する。

第二部　巻一・九五―巻八・九六。キュロスの登位からカンビュセス、ダレイオスの事蹟、クセルクセスのサラミス海戦(巻八・五六―九六)までを、多少の例外はあるものの、ヘロドトスは敗れたペルシアの側から記述する。

第三部　巻八・四四―終章。内容は引き続きペルシアのギリシア侵攻であるが、ギリシア側、殊にアテナイ側から見た記述が次第に増える。

第三部の始点(第二部の終点)を明確に指摘するのは難しく、ペルシア軍のサラミス海域での集結・アテナイ占領・サラミスの海戦(巻八・四二―九六)のあたりを漠然と示唆する他ないが、私はアテナイ人の呼称の沿革に言及する巻八・四四を転換点の候補として挙げたい。『歴史』で絶対年代を明示するのは「時にアテナイはカリアデスの執政下にあった」(巻八・五一。すなわち前四八〇年)という一文のみであるが、これもヘロドトスの視点がアテナイ側に移っていることを示すものであろう。

ヘロドトスは敗者の側に視点を定めて記述する。そして『歴史』第一部は、世界最高の富を謳われたリュディアが、ハリュス川という境界を越え(巻一・七五)、痩地で貧寒なペルシアに攻め入り破滅する、という範例を呈示する。第二部はその展開であり、時移り贅沢を知るようになったペルシアが、アラクセス河という境界を越え(巻一・二〇八)、民度の低いマッサゲタイを攻めて敗れる次第、また、今や全世界から富を吸い上げているペルシアが、ヘレスポントス海峡という境界を越え(巻七・五五)、貧困を友として育ってきたギリシアに侵寇して躓《つまず》く次第、を物語る。それでは、第三部は何を語ろうとするのであろうか。

ペルシア戦争そのものの記述は前四七九年、ヨーロッパにおけるアジア勢力の橋頭堡セストスをアテナイ軍が陥れるところで完結する。クセルクセスがアジアとヨーロッパを繋ごうとしたヘレスポントス架橋も嵐のため崩壊し(巻八・一一七)、その資材の残骸をアテナイ人が祖国に持ち帰り神殿に奉納して(巻九・一二一)、越えてはならない自然の境界は修復された。しかし、クセルクセスの水軍を撃退して追跡するギリシア人の中に、今後はペルシア王の領土をめぐって戦うべしとする考えが早くも現れ(巻八・一〇八)、事実後年、ペルシア領であるエーゲ海島嶼・小アジア沿岸・黒海沿岸等をめぐる対立がギリシア人の間に生じたのである(巻八・三)。とりわけ象徴的なのは、今や富貴強大となったアテナイが、貧乏神《ペニアー》と八方塞がりの神《アメーカニエー》に取り憑かれた痩せ地のアンドロス島を攻めて脅迫し、しかも攻略に失敗した事件である(巻八・一一一および一二一)。今やヘロドトスの筆法に十分に慣れた私たちは、かつてリュディアに、そしてペルシアにおいて回ったキュクロスが、アテナイの運命を乗せて回り始めたのではないか、というヘロドトスの危惧をここに読みとれるのではなかろうか。

エピローグ

ヘロドトスという広大な世界はどのように旅すればよいのであろうか。これまで述べてきたことは私なりの仕方でヘロドトスを旅した報告であったが、見残したり伝えそびれたりした名所も多い。ヘロドトスといえばペルシア戦争、ペルシア戦争といえばマラトンの戦い・テルモピュライの戦い・サラミスの海戦などを思い浮かべる人たちにとっては、それらの解説がなかったことが訝しいに違いない。しかし、ヘロドトスの戦闘そのものの描写はトゥキュディデスと違って詳しくはない。たとえばマラトンの戦い。

ペルシア軍はエレトリア(アテナイの北方、エウボイア島の町)を陥れると、ペイシストラトスの子ヒッピアス(亡命中の独裁者。ペルシアの力を借りてアテナイ復帰を図る。六一頁参照)の手引きでマラトンに向け出航した。これを知ったアテナイ人は一〇の氏族から各一人ずつ将軍を出して戦場に急行する。スパルタにも救援を求めていたが、スパルタでは折からアポロンのためのカルネイア祭を営んでおり、一週間後の満月の日まで軍を動かせぬという。来援したプラタイア人とアテナイ人とで約一万、敵はその倍であった。交戦か戦闘回避かで一〇人の将軍の意見が割れたが、ミルティアデスの工作で交戦と決定。陣形は名誉ある右翼に軍事長官の部隊、左翼にプラタイア人部隊を配したが、ペルシア軍と同じ幅に戦線を広げたため、中央部がはなはだ薄かった。

陣立てを終り犠牲の卦も吉兆を示したので、アテナイ軍は進撃の合図とともに駈け足でペルシア軍に向って突撃した。両軍の間隔は八スタディオン〔約一四〇〇メートル〕を下らなかった。ペルシア軍はアテナイ軍が駈け足で迫ってくるのを見て迎え撃つ態勢を整えていたが、数も少なくそれに騎兵も弓兵もなしに駈け足で攻撃してくるアテナイ兵を眺めて、狂気の沙汰じゃ、全く自殺的な狂気の沙汰じゃと罵った。ペルシア方はアテナイ軍の行動をこのように受け取ったのであったが、一団となってペルシア陣内に突入してからのアテナイ軍は、まことに語り伝えるに足る目覚ましい戦いぶりを示したのである。実際われわれの知る限り、駈け足で敵に攻撃を試みたのはアテナイ人をもって嚆矢《こうし》とし、またペルシア風の服装やその服装をつけた人間を見てたじろがなかったのもアテナイ人が最初であった。これまでギリシア人にとっては、ペルシア人という名を聞くだけでも恐怖の種となっていたのである。（巻六・一一二）

マラトンの戦いは長時間にわたって続いた。戦線の中央部においては、この方面にペルシア兵とサカイ人を配置したペルシア軍が勝ちを制した。この方面で勝利を得たペルシア軍は敵を撃破して内陸に追い進んだが、両翼においてはアテナイ軍とプラタイア軍が勝利をおさめた。しかし勝利を得たアテナイ、プラタイアの両軍は、潰走する敵部隊は逃げるにまかせ、両翼を合せて中央を突破した敵軍を攻撃し、かくて勝利はアテナイ軍の制するところとなった。敗走するペルシア兵を撃破しつつ追撃して遂に海辺に達し、敵船に投ずる火を求め、また敵船団を捕獲しようと試みた。

（巻六・一一三）

この合戦における戦死者はペルシア方が六四〇〇、アテナイ方は一九二であったとか、悲劇詩人アイスキュロスの兄弟キュネゲイロスが敵船の船尾に手をかけたところを戦斧で片腕を切り落とされて果てた、ということが付言されるが、武装したままマラトンからアテナイに駆け戻った伝令が、「喜べ、我々は勝った」と叫ぶなり息絶えた、という「マラソンの起源」伝説はここには記されていない。それに言及するのはずっと後のプルタルコス（『モラリア』「アテナイ人の栄光」三四七C）やルキアノス（『挨拶の間違い』三）である。

トゥキュディデスはペロポネソス戦争が勃発するや、それが未曾有の大戦争に発展することを予感してただちに戦争の記述にとりかかった（『歴史』一・一）。一方、ヘロドトスがおよそ半世紀前、ちょうど自分が生まれた頃のペルシア戦争を改めて調査し記述しようとしたのはなぜであろうか。記述がダレイオスとクセルクセスによる二次の遠征に止まらず、先代のカンビュセスとキュロス、さらにはその前に栄えたクロイソスにまで溯っていることから見て、ヘロドトスは戦争そのものよりも、それが起こる理法を究めることに関心があったのであろう。戦争から五〇年近くが経過して、戦場の記憶を正確に伝えうる人物を見つけ出すのが困難になっていたという事情もあろうが、このようなヘロドトスの関心のありようが戦闘そのものの記述を淡白にさせた、とも考えられよう。

ヘロドトスを批判するのに「物語的である」とはよく言われることである。その意味は一つには、『歴史』には面白い物語が数多く収められているということ。今一つは、まるでドラマか小説のように登場人物が生彩ある対話を交わす場面が多いことである。しかもヘロドトスは自分の思想を登場人物に語らせる場合が多いから、そのような場面では、ヘロドトスは歴史的事実を再現するというより歴史の意味を述べ伝えようとしているのである。

詩作《ポイエーシス》は普遍的なことを語り歴史《ヒストリアー》は個別的なことを語るから、詩作は歴史に比べてより哲学的でありより深い意義をもつ、とアリストテレスは述べたが(七頁、八一頁参照)、ヘロドトスは『歴史』を物語的なものに作る(poiein ポイエイン)ことにより、普遍に連なる哲学的な作品とした。そこで語られるのは弱者が強者を倒すクーデターの歴史ではなく、大国の自壊の歴史である。人間の条件が変わらぬ限りいつかまた同じようなことが起こる、その時に繙かれるべきものとしてトゥキュディデスは『歴史』を書いたが、ヘロドトスも、「ヒュブリスへと向かう人間の本性」と「他に抽んでたものを切り平げる神の嫉妬」が変わらぬ限り人も国も滅びる、というメッセージを永遠の財産として残したのである。

参考文献

テクスト

Godley, A. D., *Herodotus*, 4 vols., London/New York, 1920–1924 (Loeb Classical Library).

Hude, C., *Herodoti Historiae*, I–II, Oxford, 1927^{3} (1908) (Oxford Classical Text).

Legrand, Ph.-E., *Hérodote Histoires*, I–XI, Paris, 1932–1954 (Collection Budé).

Rosén, H. B., *Herodotus Historiae*, I–II, Stuttgart/Leipzig, 1987, 1997 (Bibliotheca Teubneriana).

現在手に入れやすいのはこの四種であろうか。新しい版本が出た後も、私は使い慣れたHudeを用いている。Godleyには英訳が、Legrandには仏訳と簡潔な訳注が付く。

注釈書・辞典

Abicht, K., *Herodotos*, 5 Bde., Leipzig, 1876–1893 (Für den Schulgebrauch).

Asheri, D./A. Lloyd/A. Corcella, *A Commentary on Herodotus Books I–IV*, Oxford, 2007.

Bowie, A. M., *Herodotus. Histories Book VIII*, Cambridge, 2007 (Greek and Latin Classics).

Flower, M. A. / J. Marincola, *Herodotus. Histories Book IX*, Cambridge, 2002（Greek and Latin Classics）.
How, W. W. / J. Wells, *A Commentary on Herodotus*, 2 vols., Oxford, 1912.
Lloyd, A. B., *Herodotus Book II*, 3 vols., Leiden, 1975–1988.
Macan, R. W., *Herodotus. The Fourth, Fifth, and Sixth Books*, New York, 1973（London, 1895）.
Macan, R. W., *Herodotus. The Seventh, Eighth, & Ninth Books*, 2 vols., New York, 1973（London, 1908）.
Powell, J. E., *A Lexicon to Herodotus*, Hildesheim, 1966（Cambridge, 1938）.
Powell, J. E., *Herodotus Book VIII*, Cambridge, 1975（1939）（Pitt Press Series）.
Scott, L., *Historical Commentary on Herodotus Book 6*, Leiden / Boston, 2005.
Shuckburgh, E. S., *Herodotos Book VI*, Cambridge, 1976（1889）（Pitt Press Series）.
Stein, H., *Herodotos*, 5 Bde., Dublin / Zürich, 1968–1970（1856–1862）.

本格的な全注釈として今も有益なのは How–Wells と Stein である。Stein は語法と事項の解説のバランスがよく、How–Wells は民族学的な注が多いのが魅力である。Asheri–Lloyd–Corcella（イタリア語から英訳）は現在巻四までの分しか刊行されていないものの質量共に素晴らしい出来栄えの注釈である。初めてギリシア語でヘロドトスを読む人には Abicht の語学注が役に立ち、Powell（1975（1939））にはヘロドトスのイオニア方言についてのごく簡単な説明がある。

翻　訳

de Sélincourt, A.（tr.）, *Herodotus. The Histories*, Penguin Classics, 1954.
Feix, J., übers., *Herodot. Historien*, 2 Bde., München, 1963（Tusculum Bücherei）.
Grene, D.（tr.）, *The History. Herodotus*, Chicago / London, 1987.

Marg, W., übers., *Herodot. Geschichten und Geschichte*, 2 Bde., Zürich/München, 1973, 1983.
Rawlinson, G. (tr.), *The History of Herodotus*, 4 vols., London, 1858–1862.
Waterfield, R. (tr.), *Herodotus. The Histories*, Oxford World's Classics, 1998.
青木巌訳、ヘロドトス『歴史』上・下、新潮社、一九六〇年(『古代東西争闘史』生活社、一九四〇年)。
松平千秋訳、ヘロドトス『歴史』上・中・下、岩波文庫、一九七一―一九七二年(筑摩書房世界古典文学全集、一九六七年)。

英訳のスタンダードとされてきたRawlinsonは解説付録も豊富だが、ヴィクトリア朝の公序良俗に反するとしてか、訳出せずカットした部分がある。Feixの独訳とGreneの英訳は極めて正確。松平訳は学問的に信頼がおけてしかも文学的香気の高い稀有な邦訳である。

断片集

Jacoby, F., *Die Fragmente der griechischen Historiker*, Berlin/Leiden, 1923–.
内山勝利編『ソクラテス以前哲学者断片集』全六冊、岩波書店、一九九六―一九九八年。

ヘカタイオス・クテシアスら失われた歴史家についてはJacobyの貴重な『ギリシア歴史家断片集』について見ることになる。この断片集はヤコビの死(一九五九年)により未完に終わったが、既刊分の英訳が目下進行している。ヘラクレイトス・エンペドクレスらソクラテス以前(あるいは、ソクラテス派以外)の哲学者について、Diels–Kranz, *Die Fragmente der Vorsokratiker* が内山勝利編集のもとで全訳されているのは学界・読書界の慶事である。

研究案内

Bakker, E. J. / I. J. F. de Jong / H. van Wees (eds.), *Brill's Companion to Herodotus*, Leiden / Boston / Köln, 2002.

Dewald, C. / J. Marincola (eds.), *The Cambridge Companion to Herodotus*, Cambridge, 2006.

Marg, W. (hrsg.), *Herodot. Eine Auswahl aus der neueren Forschung*, Darmstadt, 1965 (Wege der Forschung XXVI).

Bergson, L., "Herodot 1937–1960", *Lustrum*, 11, 1966.

Bubel, F., *Herodot-Bibliographie 1980–1988*, Hildesheim, 1991.

次項の研究書・研究論文リストは本書で言及したもの、および議論の基礎になったものの書誌データを明記するのが主目的であるから、一見ヘロドトスと無関係に見えるものが含まれている反面、ヘロドトスの代表的な研究書が漏れている。その欠を補うために、研究の手引きとなるものを挙げた。

二つの Companion はヘロドトスにおける先行文学の影響、知的伝統、悲劇との関係、文体と語りの技法、神話、物語、政治、宗教、道徳、自然、諸外国等々、まんべんなくテーマを設定し豊富な参考文献を指示する便利な本であるが、著者たちがヘロドトスをどう読むのかが見えてこない憾みがある。Marg 編著(1965)は歴史的名論文を収める論文集である。Bergson と Bubel はテーマ別のビブリオグラフィーで、Bergson には論文ごとに短評が付せられていて便利である。

研究書

Aly, W., *Volksmärchen, Sage und Novelle bei Herodot und seinen Zeitgenossen*, Göttingen, 1969^2 (1921).

Bunbury, E. H., *A History of Ancient Geography*, New York, 1959^2.

Cairns, D., *Bacchylides. Five Epinician Odes* (*3, 5, 9, 11, 13*), F. Cairns, 2010.

Dodds, E. R., *The Greeks and the Irrational*, Berkeley / Los Angeles / London, 1971 (1951). (岩田靖夫・水野一訳

『ギリシア人と非理性』みすず書房、一九七二年)
Fehling, D., *Die Qellenangaben bei Herodot. Studien zur Erzählkunst Herodots*, Berlin, 1971 (*Herodotus and his 'Sources'. Citation, Invention and Narrative Art*, tr. by J. G. Howie, Leeds, 1989).
Flower, M. A., *Theopompus of Chios. History and Rhetoric in the Fourth Century BC*, Oxford, 1994.
Fornara, Ch. W., *Herodotus. An Interpretative Essay*, Oxford, 1971.
Grimm, J., *Deutsche Mythologie*, Göttingen, 1854[3].
Hellmann, F., *Herodots Kroisos-Logos*, Berlin, 1934.
Heni, R., *Die Gespräche bei Herodot*, Verlag Heilbronner Stimme, 1977.
Immerwahr, H. R., *Form and Thought in Herodotus*, Cleveland, 1966.
Kahn, Ch. H., *Anaximander and the Origins of Greek Cosmology*, New York, 1960.
Marincola, J., *Authority and Tradition in Ancient Historiography*, Cambridge, 1997.
Marincola, J., *Greek Historians*, Oxford, 2001 (Greece & Rome New Surveys in the Classics).
McKechnie, P. R. / S. J. Kern, *Hellenica Oxyrhynchia*, Aris & Phillips, 1993.
Momigliano, A., *The Classical Foundations of Modern Historiography*, Berkeley / Los Angeles / London, 1990.
Myres, J. L., *Herodotus. Father of History*, Oxford, 1953.
Norwood, G., *Pindar*, Berkeley / Los Angeles / London, 1956.
Pearson, L., *Early Ionian Historians*, Oxford, 1939.
Pohlenz, M., *Herodot. Der erste Geschichtschreiber des Abendlandes*, Stuttgart, 1973 (Leipzig, 1937).
Pritchett, W. K., *The Liar School of Herodotos*, Amsterdam, 1993.
Ranulf, S., *The Jealousy of the Gods and Criminal Law at Athens*, London / Copenhagen, 1933.

Thomas, R., *Herodotus in Context. Ethnography, Science and the Art of Persuasion*, Cambridge, 2000.

Uther, H.-J., *The Types of International Folktales. A Classification and Bibliography* (*Based on the System of Antti Aarne and Stith Thompson*), 3 vols., Helsinki, 2004.

Winternitz, M., *A History of Indian Literature*, II, New Delhi, 1972 (Calcutta, 1933).

青木巌『ヘロドトスの『歴史』と人』生活社、一九四二年。

池田弥三郎『おとこ・おんなの民俗誌』講談社文庫、一九七四年。

内山勝利編『哲学の歴史1　哲学誕生——古代I』中央公論新社、二〇〇八年。

桜井万里子『ヘロドトスとトゥキュディデス——歴史学の始まり』山川出版社、二〇〇六年。

田中美知太郎『古典への案内』岩波新書、一九六七年（「ヘロドトス——歴史の成立」の章）。

中務哲郎『物語の海へ——ギリシア奇譚集』岩波書店、一九九一年。

藤縄謙三『歴史の父　ヘロドトス』新潮社、一九八九年（魁星出版、二〇〇六年）。

前田耕作『アジアの原像——歴史はヘロドトスとともに』ＮＨＫブックス、二〇〇三年。

松平千秋『ホメロスとヘロドトス——ギリシア文学論考』筑摩書房、一九八五年。

研究論文

Bischoff, H., *Der Warner bei Herodot*, Marburg, 1932 (Inaugural-Dissertation).

de Romilly, J., "Cycles et cercles chez les auteurs grecs de l'époque classique", in: J. Bingen et al. (éd.), *Le monde grec. Hommages à Claire Préaux*, Bruxelles, 1978.

de Ste. Croix, G. E. M., "Herodotus", *Greece & Rome*, NS. 24-2, 1977.

Jacoby, F., 'Herodotos', Pauly–Wissowa, *Realencyclopädie der classischen Altertumswissenschaft*, Suppl. II, Stuttgart,

1913 (*Griechische Historiker*, Stuttgart, 1956).
Krischer, T., "Herodots Prooimion", *Hermes*, 93, 1965.
Meyer, E., "Geschichtsauffassung", 1901, in: W. Marg (hrsg.), *Herodot*.
Momigliano, A., "The Place of Herodotus in the History of Historiography", *History*, 43, 1958.
Nöldeke, Th., "Zu Herodot 3,119 (Sophokles Antigone 903–913)", *Hermes*, 29, 1894.
Paris, G., "Le conte du trésor du roi Rhampsinite. Étude de mythographie comparée", *Revue de l'histoire des religions*, 55, 1907.
Penzer, N. M., "The Tale of the Two Thieves", in: id., *Poison-Damsels and Other Essays*, London, 1952 ("The Origin of the Story of Ghata and Karpara", in: C. H. Tawney (tr.), *The Ocean of Story*, vol. 5, 1927[2]).
Pischel, R., "Zu Sophokles Antigone 909–912", *Hermes*, 28, 1893.
Regenbogen, O., "Herodot und sein Werk. Ein Versuch", 1930, in: W. Marg (hrsg.), *Herodot*.
Saintyves, P., "L'anneau de Polycrate", *Revue de l'histoire des religions*, 66, 1912.
Stahl, H.-P., "Learning through Suffering? Croesus' Conversations in the History of Herodotus", *Yale Classical Studies*, 24, 1975.
Tawney, C. H., "A Folk-Lore Parallel", *The Indian Antiquity*, 10, 1881.
Tawney, C. H., "Indian Folklore Notes from the Pali Jataka and the Katha Sarit Sagara", *The Journal of Philology*, 12, 1883.
阿部拓児「ペルシア帝国期小アジアにおける文化・社会・歴史叙述」博士学位論文、京都大学文学部、二〇〇八年。
田中於菟彌「説話の流伝——エジプトから日本へ」『酔花集——インド学論文・訳詩集』春秋社、一九九一年。

中務哲郎「ヘロドトスの「世界の均衡」と「キュクロス観」について」科学研究費補助金研究成果報告書『古典古代における神と人間』一九八〇年。

中務哲郎「ヘロドトス『歴史』の序文・終章・キュクロス観」『西洋古典学研究』三四、一九八六年。

中務哲郎「ペリアンドロスの物語」科学研究費補助金研究成果報告書『古代小説の発生と展開に関する研究』二〇〇六年。

中務哲郎「古代ギリシア人の世界意識と歴史記述」京都大学文学部創立百周年記念論集『グローバル化時代の人文学』上、京都大学学術出版会、二〇〇七年。

松原秀一「ランプシニトス王の宝」『中世の説話』東京書籍、一九七九年。

柳田国男『日本の伝説』一九二九年(『定本柳田国男集』二六、筑摩書房、一九六四年)。


私のヘロドトス観そのものは実は中務論文(一九八〇、一九八六年)で固まってしまっており、その後さしたる変化進展はない。私が最も深く影響を受けたのは Regenbogen 論文(1930)と Immerwahr 書(1966)である。Regenbogen によると、オリエントの先進文明に近く、啓蒙主義・探究精神にあふれるイオニア地方で育ったヘロドトスは、後年アテナイに赴き、形而上学的・宗教的な物事のとらえ方に感化され、その両方の傾向が彼の中で一つになって『歴史』を書かせた、という。いささか図式的かも知れないが、これがヘロドトスを読むときの基本姿勢となった。Immerwahr は宗教・社会制度・著作目的等についてのヘロドトスの発言よりむしろ、『歴史』の構造・構想の中に現れる思想を理解する方が重要であるとして、パターン的記述を分析していく。『歴史』の記述のパターン的なることはおよそどの研究書も言っているところであるが、Immerwahr はその分析を最も大々的に行った。

藤縄書(一九八九年)はヘロドトス二〇〇〇枚を一五〇〇枚で語り直そうとする大著である。我が国の西洋古典学分野における記念碑的な成果と言えるであろうし、藤縄先生らしいユニークな見解が随所に光っている。前田書(二〇〇三年)はリュディア王国に焦点を当て、阿部論文(二〇〇八年)はクテシアスを可能な限り復元しようとする、共に珍しいアプローチである。珍しいといえば本書における昔話的要素の重視もそうであろう。これについてはAly書(1969²(1921))が唯一のモノグラフであったが、中務書(一九九一年)もヘロドトスから六つの話を取り出して論じた。

「ヘロドトス評価の変遷」についてはMyres書(1953)の第二章("Herodotus and his Critics")、Momigliano論文(1958)、藤縄書の第五部「死後の生命」が参考になる。現代の歴史家では、E・H・カー『歴史とは何か』(清水幾太郎訳、岩波新書、一九六二年)やR・G・コリングウッド『歴史の観念』(小松茂夫・三浦修訳、紀伊國屋書店、一九七〇年)がヘロドトスを高く評価している。

松平千秋先生の『歴史』が世に出たのは一九六七年七月二〇日、三回生の私は京都の溽暑を避けて田舎へ行っていたためすぐにこれを手にすることができなかったが、八月末下宿に戻るなり買い求め、克明にノートをとりながら読んだ。夏休み明けの松平研究室で、北嶋美雪助手から「ヘロドトスはもう買いましたか」と尋ねられ、「もう読みました」とお答えすると、今度は先生が「何日かかったかね」と。「五日で読みました」と申し上げると、先生はしばし間をおいて、「君、僕はあれを訳すのに三年かかったんだぜ」と仰言った。「書物誕生」シリーズの編集者のお一人、杉山正明さんは高校生の時に『歴史』を三日で読破した、と書いておられた(京都大学西洋古典研究会編『松平千秋先生追悼文集』二〇〇七年)。これほど人を惹きつけてやまぬヘロドトス。その魅力の由って来るところを解き明かしてみたいと願っていたが、その機会を与えて下さった編集者の方々、内山勝利さん、丘山新さん、杉山正明さんにまず感謝の意を表したい。私の定年退職と同時に原稿が成ることを期待しておられた岩波書店の杉田守康さんには遅延で随分ご迷惑をおかけした。待つ間にも付随的な事柄を着々と整え、的確な助言を惜しまれなかった杉田さんに心よりお礼を申し上げたいと思う。

二〇一〇年六月

中務哲郎

著者紹介

中務哲郎

1947年，大阪市生まれ．1975年，京都大学大学院博士課程修了．現在，京都大学名誉教授．西洋古典学専攻．

(主要著訳書)

『物語の海へ――ギリシア奇譚集』(岩波書店)

『イソップ寓話の世界』(ちくま新書)

『饗宴のはじまり』(岩波書店)

『ギリシア恋愛小曲集』(訳，岩波文庫)

書物誕生――あたらしい古典入門

ヘロドトス『歴史』――世界の均衡を描く

2010年8月25日　第1刷発行

著　者　中務《なかつかさ》 哲郎《てつお》

発行者　山口昭男

発行所　株式会社 岩波書店

〒101-8002 東京都千代田区一ツ橋2-5-5

電話案内 03-5210-4000

http://www.iwanami.co.jp/

印刷・法令印刷　カバー・半七印刷　製本・牧製本

ISBN 978-4-00-028299-4　Printed in Japan